Алевтина Корзунова

БОЛЬШАЯ ЭНЦИКЛОПЕДИЯ ИНДИЙСКОГО ЛУКА

МОСКВА

2005

УДК 615.89
ББК 53.59
К 66

Оформление художника *Е. Брынчик*

Серия основана в 2004 году

Публикуется с разрешения правообладателя:
Литературного агентства «Научная книга»

*Данная книга не является учебником по медицине.
Все рекомендации в издании должны быть согласованы
с лечащим врачом.*

Корзунова А. Н.
К 66 Большая энциклопедия индийского лука. — М.: Изд-во Эксмо, 2005. — 256 с. — (Я привлекаю здоровье).

ISBN 5-699-10660-X
ISBN 5-699-10928-5

Впервые разнообразнейшие сведения об уникальном лечебном растении собраны в энциклопедическом издании!

В книге рассказано практически все, что только известно о «домашнем докторе». Вы узнаете о применении индийского лука, о его составе и лечебных качествах, о чудодейственных свойствах растения. В книге собраны многочисленные рецепты лечения от различных болезней, сведения по косметологии и профилактике заболеваний.

Кроме того, вы узнаете о том, как выращивать и размножать это растение, откуда оно пришло в Россию и где существует в природных условиях. Впервые, если вас заинтересовало лекарственное применение индийского лука, вы сможете узнать о нем как можно подробнее.

УДК 615.89
ББК 53.59

ISBN 5-699-10660-X (Мк)
ISBN 5-699-10928-5 (ЯПЗ)

© ООО «Издательство «Эксмо», 2005

Введение

Здравствуйте, мои дорогие читатели! Снова наступило время нашей встречи, и сегодня я снова расскажу вам о «домашнем целителе» — индийском луке.

Вам, конечно, известно, что растение обладает уникальными лечебными свойствами, и именно поэтому я хочу поделиться с вами новыми, проверенными на практике рецептами.

Но сначала — немного о самом растении.

Траволечение применяется на протяжении многих тысячелетий и относится к наиболее эффективным и безопасным методам терапии различных заболеваний. Растения имеют несколько важных преимуществ по сравнению с лекарствами: они малотоксичны и редко оказывают побочные воздействия на организм больного человека.

Другая ценность лекарственных растений заключается в том, что они усиливают лечебное действие специальных методов лечения различных заболеваний, оказывают общеукрепляющее, адаптогенное, иммуномодулирующее воздействия на организм больного. Например, лекарственные сборы трав приносят значительное облегчение при злокачественных опухолях, проявляя массу лечебных положительных эффектов — исчезают или уменьшаются боли, диспептические явления, тошнота, рвота, нормализуется стул, возвращается аппетит, значительно улучшается качество жизни пациента. Все это показывает, что разумное сочетание различных методов лечения помогает облегчить страдания больных и нередко продлить им жизнь.

От души надеюсь, что советы, которые вы найдете в моей книге, помогут вам излечиться от многих недугов!

Глава 1
ИНДИЙСКИЙ ЛУК: НОВЫЙ ДРУГ ОТ СТАРЫХ БОЛЕЗНЕЙ

В последнее время многие увлекаются выращиванием в домашних условиях комнатных цветов, обладающих целебными свойствами. К таким растениям относится и индийский лук. Индийский лук — это народное название растения, известного в медицине под названием птицемлечника хвостатого. Оно произошло от греческого Ornithogalum caudatum (что означает «птичье молоко») и дано растению из-за окраски его цветков. Птицемлечник, или индийский лук, относится к семейству лилейных (Liliaceae). Род птицемлечника насчитывает около 130 видов, произрастающих в субтропической и умеренной зонах Европы, Азии и Африки. Все виды птицемлечника имеют сходные свойства и обладают примерно одинаковым лечебным эффектом.

Птицемлечник зонтичный, или белые брандушки (Ornithogalum umbellatum). Родина этого растения — леса Западной и Средней Европы, Балкан, Западного Средиземноморья и Малой Азии. Птицемлечник зонтичный — это луковичное многолетнее растение до 25 см высотой с линейными, желобчатыми листьями с продольной белой полосой. Цветки белые, до 2,5 см в диаметре, собраны по 15—20 в зонтиковидное соцветие. Цветет с начала июня. Плод — коробочка. Это самый популярный вид птицемлечника. В его состав входит колхицин — ценное лекарственное вещество, используемое для лечения подагры.

Птицемлечник крупный (O. magnum Krasch. et Schischk). Распространен на Кавказе. Растение с цветоносом до 150 см высотой. Листья ланцетовидно-линейные, заостренные, до 4 см шириной. Соцветие крупное, рыхлое, цилиндрическое, до 40 см длиной, состоящее из 18—30 цветков, каждый до 3,5 см в диаметре. Околоцветник молочно-белый, с наружной стороны листочков имеется узкая продольная зеленая полоска. Цветет с середины июля в течение примерно 15—18 дней.

Птицемлечник пиренейский (O. pyrenaicum L). Родина птицемлечника пиренейского — Кавказ, Крым, Средняя Азия. Растение с цветоносом до 75 см высотой. Соцветие пирамидальное, крупное, состоящее из 60—70 белых цветков 2—3 см в диаметре. Листья линейные, голубовато-зеленые до 40 см длиной и до 2 см шириной. Цветет в конце мая — начале июня 20—25 дней. Луковицы широкояйцевидные, 4—5 см длиной и 3,5—4 см в диаметре.

Птицемлечник тирсовидный (O. thyrsoides Jacq). Растет на Кавказе и в Крыму. Растение высотой до 75 см. Луковица яйцевидная, длиной 6 см, диаметром 4—4,5 см. Листья зеленые, длиной 70 см, шириной 3 см. Цветонос до 75 см. Соцветие кистевидное, цветки диаметром до 4 см. Околоцветник белый. Цветет в конце мая до 20 дней.

Птицемлечник арабский (O. arabicum L). Родина — Средиземноморье. Растение с линейными светло-зелеными листьями. Цветонос до 85 см высотой. Цветки белые, до 5 см в диаметре, на длинных цветоножках, собраны в малоцветковое, рыхлое соцветие. Цветет в мае в течение примерно 18—20 дней.

Существует еще много разных видов птицемлечника, обладающих следующими признаками:

1) это многолетние луковичные растения;

2) имеют высоту от 30 до 85 см;

3) листья птицемлечников прикорневые, ремневидные, появляются раньше цветоносов. У некоторых видов листья появляются осенью, зимуют и только летом отмирают;

4) цветки белые или слегка желтоватые, обычно с зеленой полоской на наружной стороне листочков околоцветника, собраны в кистевидные или щитковидные верхушечные соцветия;

5) плод — коробочка;
6) семена плоские, округлые, черные;
7) луковицы яйцевидные, округлые или продолговато-яйцевидные, покрыты прочными кроющими чешуями.

Перейду к индийскому луку. Это многолетнее луковичное растение из семейства лилейных. Имеет многочисленные мощные, белые, шнуровидные корни. Характерная часть индийского лука — располагающаяся неглубоко в земле луковица зеленого цвета около 15 см в диаметре, покрытая бледно-желтыми чешуйками. Из луковицы поочередно растут плоские повислые листья, свернутые на конце в трубочку. У взрослого растения начиная с 3 лет лист достигает длины 1 м и ширины 5 см. Листья не стоят прямо, а полегают, извиваясь. Иногда их концы засыхают, а основание продолжает расти. Соцветие длинное, извитое, представляет собой стрелку с кистью многочисленных зеленоватых цветков на цветоножке длиной в 1 см. Лепестков и тычинок по 6. Плод — сухая коробочка с мелкими семенами. Семена не образуются, если не произойдет опыления цветков.

Индийский лук распространен достаточно широко. Родиной птицемлечника является Южная Америка, но привезенный европейскими колонистами на наш континент, он хорошо прижился в странах Средиземноморья, в Средней и Юго-Восточной Европе, Индии, Китае. В России растение впервые появилось в Ботаническом институте АН СССР в Ленинграде в 1961 году, куда ученые привезли его из Германии. Возможно, еще раньше его стали культивировать сибирские садоводы-любители, к которым растение попало из Китая. Поэтому в Сибири его называют *китайским луком.*

Вегетативный рост индийского лука продолжается круглый год. Чтобы сдержать рост в зимний период, необходимо содержать растение в прохладном темном помещении с температурой не выше +6—8°С. Весной и летом его можно выставить на балкон или пересадить в открытый грунт. Луковица при хорошем уходе живет долго, до 20—30 лет.

Индийский лук можно размножать вегетативным (детками) и семенным способами.

Под чешуей около донца луковицы индийского лука постоянно появляются детки, которые за 1—2 недели укореняются и быстро пускают молодые листочки. К моменту отторжения луковки достигают 1 см в поперечнике и до 1,5 см в длину. Количество деток у крупных луковиц достигает 2 десятков. Соприкасаясь с влажной землей, молодая луковка укореняется за 1—2 недели.

На 2-м году роста появляется стрелка-цветонос 50—60 см, иногда до 1 м в длину, крупная, мясистая, без пустот в центре. Цветки зеленоватого цвета со слабым ароматом, на стрелке собраны в удлиненную кисть. Цветут не одновременно, а последовательно снизу вверх. На одной стрелке может тесниться до 100 цветков: когда последний расцветает, у первого к этому времени вызревают семена. Растение цветет в ноябре — декабре, но при хорошем уходе даже и всю осень и зиму.

Чтобы семена появились, цветки требуют опыления насекомыми. Поскольку цветение обычно происходит в зимнее время (из-за южноамериканского происхождения растения), то возможности опыления невелики. Чтобы получить семена, можно опылять цветки искусственно, с помощью мягкой кисточки. Вызревшие семена высевают в ящики с легкой плодородной почвой. Сеянцы после появления 3—4 листочков пикируют без заглубления в отдельные емкости. Делать это лучше всего весной.

Летом распикированные сеянцы и укорененные детки в стаканчиках можно разместить в теплице на даче или в саду, поливать их нужно умеренно. Осенью растения переносят в дом, ставят на подоконник над батареей; растению необходима температура не ниже +12°С.

ГЛАВА 1

Первую пересадку проводят весной следующего года после пикировки. Луковицу нельзя сажать слишком глубоко, нужно только лишь слегка прикопать донце. Такой способ посадки способствует более легкому отделению деток без выкапывания луковицы, иначе потребуется пересадка всего растения.

Последующие пересадки в горшки большего объема (объем горшка следует увеличивать в среднем на 0,5 л) проводятся через 2 года, желательно весной. Первая пересадка нужна лишь весной следующего года после пикировки.

Выращивание индийского лука несложное. На дно горшка необходимо уложить дренаж из речного песка или мелкого керамзита. Земляная смесь должна содержать дерновую, листовую землю и 2 части песка с углем, можно купить готовую смесь. Индийскому луку подойдет земля для фиалок или любая не слишком кислая почва. Не следует увлекаться внесением удобрений, подкормок, поскольку корневая система индийского лука довольно сильная. Мелкие луковицы отделяют во время пересадки.

Растение устойчиво к засухе и не выносит избыточного полива. Листья опрыскивать не следует, однако регулярно удаляйте накапливающуюся пыль с листьев вашего питомца.

В нормальных условиях птицемлечник никогда не сбрасывает листья и при хорошем уходе цветет и в весенние месяцы. Пересаживайте растение по мере роста луковицы (горшок нужен на 5 см больше ее диаметра). Отделяйте детки при пересадках.

Единственное, что действительно необходимо растению, — яркий свет. На лето можно вынести птицемлечник на балкон или в сад. Полезно даже на лето высадить луковицу на грядку (не забудьте выкопать ее до заморозков).

Индийский лук неприхотлив. Если трудно вырастить растение из семян, то можно размножать его вегетативным способом. К садовым почвам индийский лук также нетребователен. Он неплохо растет и на удобренной огородной земле.

Индийский лук можно выращивать даже в саду; существуют приученные к системе сезонов Северного полушария сорта, цветущие летом. Правда, цветки у них более мелкие и бледные, чем у комнатных растений, цветущих зимой.

Расскажу, чем определяются лечебные свойства индийского лука. Лечебный эффект от применения растения обусловлен содержанием в нем разнообразных биологически активных веществ. В птицемлечнике обнаружено большое количество алкалоидов, что и определяет его лечебные и ядовитые свойства.

Алкалоиды — это природные азотсодержащие органические соединения, имеющие сложный состав и обладающие сильным специфическим действием. Синтезируются эти вещества преимущественно растениями.

В переводе термин «алкалоид» (от араб. alkali — «щелочь» и греч. eidos — «подобный») означает щелочеподобный. Подобно щелочам, алкалоиды образуют с кислотами соли.

Начало изучения алкалоидов обычно относят к 1803 году, когда Л. Дерон выделил из опиума (высохшего на воздухе млечного сока снотворного (опийного) мака) смесь алкалоидов, которую он назвал наркотином. Затем в 1805 году Ф. Сертюрнер сообщил о выделении морфина из опиума. Он выявил несколько солей морфина и доказал, что именно морфином обусловливается физиологическое действие опиума. Позднее, в 1810 году, Б. Гомес обработал спиртовой экстракт коры хинного дерева щелочью и получил кристаллический продукт, который назвал «цинхонино». П. Пельтье и Ж. Кавенту на фармацевтическом факультете Сорбонны в 1820 году выделили из «цинхонино» алкалоиды хинин и цинхонин. Позднее исследователи получили более двух десятков оснований из экстрактов коры хинного дерева. Между 1820 и 1850 годами было выделено и описано большое число алкалоидов новых разнообразных типов. Среди них — аконитин из растений рода аконит (одно из наиболее токсичных веществ растительного происхождения); атропин; колхицин, применяемый при лечении подагры; кониин, представляющий особый исторический интерес, поскольку именно он стал орудием казни Сократа в 399 году до н. э., когда великий философ был вынужден выпить чашу с настоем болиголова; кодеин (близкий к морфину алкалоид, являющийся ценным обезболивающим и противокашлевым средством); пиперин (алкалоид черного перца); стрихнин — очень ядовитый алкалоид, содержащийся в семенах чилибухи и используемый при некоторых сердечных заболеваниях и для истребления грызунов; эметин, содержащийся в корне ипекакуаны (рвотное и противопротозойное средство, применяется для лечения амебной дизентерии); кокаин, содержащийся в листьях тропических растений, главным образом в коке.

В растительном мире алкалоиды распределены неравномерно. В низших растениях их мало, в злаках и осоковых растениях они также встречаются редко. Наиболее богаты алкалоидами растения семейств маковых, пасленовых, лилейных, мареновых, сельдерейных, амариллисовых, бобовых, лютиковых. В растениях алкалоиды находятся в клеточном соке в растворенном виде. Их содержание колеблется от тысячных долей процента до нескольких процентов, а в коре хинного дерева — от 15 до 20%.

У некоторых растений алкалоиды содержатся во всех частях (красавка обыкновенная и кавказская), у большинства они преобладают в какой-либо одной части. Часто разные части одного растения включают различное число алкалоидов. Некоторые части могут быть безалкалоидными — например, опийный мак во всех органах, кроме семян, содержит алкалоиды. Обычно в растении встречается несколько алкалоидов: в опии, например, 26 алкалоидов, в корнях раувольфии — 35. Редко присутствует один алкалоид.

Обычно богаты алкалоидами растения влажного тропического климата. Теплая погода способствует повышению содержания в растениях алкалоидов, холодная — понижению, а при заморозках они в растении не накапливаются. Содержание алкалоидов меняется даже в течение суток. Небезразличны для содержания алкалоидов высотный фактор и почвенные условия. У культивируемых растений отмечается повышение содержания алкалоидов при внесении азотсодержащих удобрений. Имеет значение и внутривидовая (индивидуальная) изменчивость. Содержание алкалоидов у растущих в одинаковых условиях растений одного вида может зависеть от их индивидуальных свойств. Принципы сушки и хранения сырья тоже важны: при замедленной сушке нестойкие алкалоиды разлагаются. При хранении сырья в сырых помещениях содержание алкалоидов также снижается.

Функции алкалоидов в растениях не вполне понятны. Возможно, это побочные продукты обмена веществ в растениях или резерв для синтеза белков, химическая защита от животных и насекомых или регулятор физиологических процессов (роста, обмена веществ и размножения), конечный продукт детоксикации, обезвреживающей вещества, накопление которых могло бы повредить растению. Каждое из этих объяснений может быть справедливым, однако 85—90% растений не содержат алкалоидов вовсе.

Алкалоиды в воде почти нерастворимы; они растворяются в спирте, эфире, хлороформе и других органических растворителях. Соли алкалоидов растворимы в воде и спирте, но нерастворимы в органических растворителях. Алкалоиды связаны с органическими кислотами: щавелевой, лимонной, яблочной, винной. Для мака снотворного характерна связь с меконовой кислотой, а для хинной коры — с хинной кислотой.

Содержание данных соединений в индийском луке колеблется в зависимости от климатических условий, времени сбора, этапов биологического развития растения, особенностей его выращивания. Однако в большинстве случаев наибольшее содержание алкалоидов определяется в период бутонизации и цветения растения. Большая часть алкалоидов индийского лука — это колхицин, колхицеин, колхамин. Кроме того, в нем содержится и целый ряд других алкалоидов: гликоалкалоид колхикозид; основание, содержащее серу, тиоколхицин.

Все эти алкалоиды обладают антимитотической активностью (останавливают процесс деления клеток) и способны сдерживать развитие злокачественной ткани; угнетают лейко- и лимфопоэз. В настоящее время мазь, содержащую колхамин, применяют при раке кожи. Эффективно это лечение при онкологических заболеваниях I и II стадий. Курс лечения продолжается 18—25 дней. Лечение такой мазью способствует эпителизации (заращению кожных дефектов) с хорошими косметическими эффектами.

Помимо алкалоидов, в состав индийского лука входят эфирные масла и кислоты ароматического ряда. Эфирные масла — это душистые, летучие вещества, содержащиеся главным образом в цветках растения. Эфирные масла легко перегоняются из растительного сырья горячей водой или паром. Специфический оздоровительный эффект эфирных масел связан с суммой благотворных влияний их компонентов на человека: известно их противовоспалительное, антивирусное, противомикробное, антипаразитарное действие и тонизирующий (или расслабляющий), психомодулирующий эффект. Даже ничтожно малая доза действенна при самых разнообразных нарушениях здоровья, поскольку вещества эфирных масел мобилизуют естественные регуляторы человеческого организма. Некоторые масла способны справиться с кишечными паразитами человека — гельминтами. Еще один путь воздействия эфирных масел связан с высокой концентрацией в них антиоксидантов — молекул, способных нейтрализовать свободные радикалы.

В состав индийского лука также входят гликозиды — органические нелетучие твердые кристаллические вещества сложного состава, горькие на вкус. Они содержат различные сахара (особенно глюкозу), соединенные с другими органическими веществами, называемыми аглюконами. Под влиянием ферментов и даже кипячения в воде гликозиды разлагаются на сахара и соответствующие аглюконы, оказывающие лечебное воздействие на организм человека, а присутствие сахара способствует усилению и ускорению этого процесса.

В соке цветов и листьев индийского лука содержатся флавоноиды — органические вещества желтой окраски, сегодня их известно около 6000. Все они в той или иной степени обладают антиоксидантными свойствами. Флавоноиды широко распространены в растительном мире, особенно богаты ими высшие растения. Находятся они в различных частях растения, но чаще в надземных: цветках, листьях, плодах. Наиболее богаты ими молодые цветки, незрелые плоды. В клеточном соке флавоноиды локализуются в растворенном виде. Содержание флавоноидов в растениях различно: в среднем 0,5—5%, иногда достигает 20% (в цветках софоры японской). Во многих фруктах и ягодах флавоноиды более или менее равномерно распределены в кожице и мякоти, именно поэтому слива, вишня и черника имеют ровную окраску. В плодах некоторых других растений флавоноиды содержатся в основном в кожице и в меньшей степени — в мякоти. А в яблоках, например, они имеются только в кожице.

Биологическая роль флавоноидов заключается в их участии в окислительно-восстановительных процессах, происходящих в растениях. Они выполняют защитные функции, предохраняя растения от различных неблагоприятных воздействий окружающей среды. Диапазон лечебных свойств растительного сырья, богатого флавоноидами, очень широк и не ограничивается только лишь их антиоксидантными свойствами. Флавоноиды нетоксичны для человека при любом способе введения. Многие флавоноиды обладают Р-витаминной активностью, уменьшают хрупкость кровеносных капилляров, укрепляют стенки сосудов, предотвращают возникновение кровоподтеков и внутренних кровоизлияний, усиливают действие аскорбиновой кислоты, оказывают седативное действие. Их биологическая активность разнообразна: бактерицидная, витаминизирующая, антиоксидантная, спазмолитическая, общеукрепляющая. Флавоноиды хорошо сочетаются с другими биоактивными соединениями, часто усиливая их действие. Особенно эффективны в комбинации с аскорбиновой кислотой и используются как противовоспалительное, противоязвенное средство. Некоторые флавоноиды обладают кровоостанавливающими свойствами, применяются при геморрое, служат хорошими желчегонными средствами. В последние годы появились сообщения о противоопухолевом действии флавоноидов.

За 40 с небольшим лет с момента появления индийского лука в России растение получило широкую известность как средство от многих болезней. Растение пока не числится в официальной медицине в качестве лекарственного, но уже ведется разработка его фармакологических возможностей. Исследовав целебные свойства индийского лука, многие специалисты убедились, что листья растения обладают сильным обезболивающим эффектом. Достаточно потереть ими больное место — и буквально через несколько минут боль начинает стихать. Анализ показал, что в состав индийского лука входят активные вещества, усиливающие приток крови к больным участкам тела (когда человек ощущает легкое покалывание). Исследования подтвердили также, что индийский лук можно использовать при ушибах, нарывах и болях в суставах. ***Но проявлять осторожность во время применения индийского лука также не помешает. Птицемлечник — ядовитое растение, принимать его внутрь нельзя!***

Поскольку изучение свойств растения продолжается, перечень заболеваний, от которых способен избавить индийский лук, растет. В первую очередь стоит назвать болезни опорно-двигательного аппарата: радикулит, остеохондроз, артрит, артроз, полиартрит, отложение в суставах солей, боли в суставах различного происхождения. Индийский лук помогает при механических и инфекционных поражениях кожи: при ушибах, нарывах, опухолях, используется для заживления небольших ранок, порезов, для снятия отеков при укусах пчел и ос, для заживления герпетических высыпаний на лице. Растение помогает также лечить головную боль и ОРЗ.

Чтобы использовать растение в лечебных целях, необходимо брать наиболее зрелые крупные листья, даже если часть листа начала подсыхать. Старые листья концентрируют наибольшее количество полезных веществ, кроме того, их обрезка благоприятна для роста и развития самого растения. Оторванной или отрезанной частью листа длиной 1—2 см натирают больное место — это самый простой способ лечения индийским луком. Сок растения бесцветен, не пачкает одежду и не имеет запаха, поэтому им очень удобно пользоваться.

При болезнях суставов готовится настойка из свежих листьев на водке или спирте, обладающая противовоспалительными свойствами. Ее обычно готовят в соотношении 1:10 или 1:20, *но поскольку птицемлечник может вызвать ожоги, рекомендуется соотношение 1:20*.

Отмечаются высокая эффективность при втирании сока старых листьев при артрите, радикулите, остеохондрозе в очаги выраженной болезненности, уменьшение или временное снятие головной боли при втирании сока листа в виски и затылок. При ОРЗ нужно натирать переносицу, надбровные дуги, лимфатические узлы. Лечебное действие от индийского лука наступает довольно быстро.

После втирания субъективные ощущения варьируются от сильного жжения до легкого покалывания. Неприятные ощущения не означают, что лечение соком растения вредно, все зависит от чувствительности кожи. Обычно жжение проходит через 5—7 минут после натирания соком индийского лука. Если неприятные ощущения не проходят, больное место можно смазать любым растительным маслом. После разового наружного применения сока болезнь может уйти, однако чаще всего эффект от лечения временный. Лист индийского лука действует быстро, хорошо снимает легкую боль и неприятные симптомы ОРЗ. Эффективность лечебного воздействия сока усиливается, если после натирания больное место обвязать шерстяным платком и укутать теплым одеялом, или при использовании компрессов. При более серьезных заболеваниях необходимо проведение курса лечения. Индийский лук зачастую входит в план комплексного лечения многих недугов.

Те, кто уже пользуется индийским луком для лечения, заметили, что лук сам «сообщит», сможет он справиться с данной болезнью или нет. Если после наложения на кожу он начинает щипать и жечь, это хороший знак: болезни придется вскоре отступить. Если же индийский лук не вызывает никаких неприятных ощущений, лучше сразу попробовать другое средство.

Для того чтобы индийский лук всегда был под рукой, необходимо соблюдать следующие правила. Заведите материнскую луковицу — основное растение, которое будет давать приплод. Берите от него только старые, начинающие подсыхать листья. Листочки отламывайте у основания: так вы не нанесете растению почти никакого вреда. Основным лекарственным средством послужат маленькие луковички и их ростки.

В последнее время появилось множество широко рекламируемых препаратов против различных заболеваний суставов и позвоночника. Несомненно, они помогают справиться с болезнью, но в большинстве случаев это очень дорогие и не всегда эффективные средства. Действие сока и препаратов индийского лука аналогично воздействию разогревающих мазей и бальзамов, активизирующих кровообращение и снимающих воспаление, но в отличие от лекарств из аптеки индийский лук вылечит вас бесплатно. Кроме того, природное средство не только избавляет от неприятных симптомов, но и лечит. Даже одного сеанса лечения иногда бывает достаточно, чтобы не только уменьшить симптомы, но и полностью забыть о своем заболевании. ***Но перед началом самостоятельного лечения средствами народной медицины обязательно проконсультируйтесь с врачом!*** *Дойти до ближайшей поликлиники не так уж сложно, и в этом случае вы будете абсолютно уверены, что применение индийского лука вам не навредит.*

Как и всякое фитотерапевтическое средство, индийский лук почти не имеет противопоказаний, кроме индивидуальной аллергической реакции. Если вы знаете, что многие вещества, особенно растительного происхождения, вызывают у вас аллергию, лучше перед применением любого травного рецепта, в том числе индийского лука, провести пробу: приложить листок на 5—7 минут к участку здоровой кожи (лучше всего в локтевой ямке, где кожа наиболее чувствительна). При отрицательной реакции в течение часа кожа покраснеет, появятся легкий постоянный зуд, небольшие высыпания. Если в течение часа кожная реакция не стихает, фитопрепараты вам лучше не применять.

Беременность и лактация, за редким исключением, не служат прямыми противопоказаниями к применению фитотерапевтических средств. В большинстве случаев при лечении легких недомоганий (головной боли, насморка) они предпочтительнее химических лекарств типа традиционного аспирина или анальгина.

Однако не забывайте, что сок индийского лука содержит токсины. При наружном применении он безопасен, но следует избегать попадания свежего сока внутрь, на слизистые оболочки, особенно глаза. Если сок растения все же попал в глаз, следует промыть его водой или слабым (2%-ным) раствором пищевой соды. При несоблюдении данных правил сок индийского лука вызовет раздражение вплоть до конъюнктивита и ожога роговицы.

ГЛАВА 1

Используя лечебные рецепты с применением индийского лука, следует помнить, что **применять растение следует наружно, и только наружно**. Как следует из описания болезней, поддающихся лечению соком индийского лука, он действует раздражающе, а поэтому при уходе за растением и лечении с его помощью ранок на коже необходимо соблюдать осторожность, избегать передозировки.

Уважаемые читатели, не пытайтесь использовать индийский лук как средство от всех болезней! Только его наружное использование окажет пользу.

Индийский лук — не только лекарственное средство, это прекрасное домашнее декоративное растение, украшающее любое помещение и радующее глаз.

Поклонники фэн-шуй — древнекитайской науки о магии дома — считают комнатные растения важной составляющей гармоничной и успешной жизни человека. Обычно мы расставляем в комнатах растения так, чтобы они хорошо смотрелись, получали достаточно света, или просто туда, где есть место. Неудивительно, что цветы, расставленные кое-как, плохо растут.

Фэн-шуй рекомендует размещать растения в соответствии с их энергетическими свойствами, ориентируясь по сторонам света. Индийскому луку покровительствует северная сторона, соответствующая согласно классической китайской традиции стихии воды и льда. Индийский лук плодовит; его коренная луковка постоянно окружена выводком подрастающих деток. Растение покровительствует успеху в делах, карьерному росту, продуктивной работе, гармоничным отношениям между родителями и детьми. Оно символизирует оптимизм, избыток жизненных сил, энергичность и активную жизненную позицию. Китайцы считают, что индийский лук увеличивает достаток в семье, где много детей; это одно из немногих несъедобных растений, которые охотно культивируют в Китае.

Кроме того, птицемлечник — это идеальный офисный цветок. Он не требует кропотливого ухода, простит, если на выходных его не станут поливать, и как минимум 2 месяца в году радует глаз необычными цветами с тонким запахом. Кстати, на службе он незаменим как быстродействующее средство от головной боли.

Цвета, связанные с энергетикой индийского лука, — синий, зеленый, кирпично-красный и черный. Знак Зодиака — Скорпион. Камень — яшма, тигровый глаз.

Индийский лук идеален для оформления кабинета, рабочего стола в офисе. Фэн-шуй рекомендует ставить прямостоячие растения (кактус, лимонное деревце, фикус) на рабочий стол перед собой, в «зону достижения» (если на столе стоит компьютер, особенно полезен кактус, способный поглощать вредные излучения). Растения с развесистыми листьями, в том числе индийский лук, оптимально поставить справа от себя, в «зону славы».

С точки зрения искусства фэн-шуй нельзя ставить рядом с «северным ледовитым» индийским луком растения, которым покровительствует солнце и южная сторона: их энергетические поля будут конфликтовать, и растения заболеют. Под покровительством Солнца находятся большинство кактусов, герань, однолетние цветы и маленькие деревца со светлой листвой, золотой ус и т. д. Их с индийским луком лучше всего расселить. Хорошо соседствуют с ним лилии, фиалки, цикламены, другие темнолистные растения.

Неплохо поставить горшочек с индийским луком на подоконник в школьном классе. Его дезинфицирующее и ранозаживляющее действие оптимально при ссадинах на коленках, и лечебный листок не так испугает ребенка, как заведомо «страшный» йод, — ведь достаточно смазать больное место соком растения.

Разместите индийский лук в северной части квартиры. Это растение не очень любит прямые солнечные лучи, хорошо чувствует себя в прохладе. На своей родине, в предгорных лесах Анд, птицемлечник кустится в густых зарослях и чащах, плохо пропускающих солнечный свет. Холод-

ГЛАВА 1

ное дыхание снежных вершин закалило его, так что на подоконнике с северной стороны он будет чувствовать себя как дома.

Не рекомендуется ставить индийский лук в спальню и на кухню. Спальня — это личная территория, куда нежелательно вторжение гиперактивной энергетики. Такое растение с крупными листьями ночью поглощает много кислорода, что, в принципе, неблагоприятно для спальни.

На кухне присутствие слаботоксичного растения также нежелательно.

Чтобы усилить положительное действие индийского лука, посадите его в ярко раскрашенный горшочек или нарядное кашпо. Это растение предпочитает яркие, сочные и темные тона. Прекрасно подойдут латиноамериканские мотивы. «Китайский ветерок» и китайские колокольчики рекомендуется вешать в комнате, где стоит индийский лук, но так, чтобы их разделяло расстояние не менее 1 м. Обратите внимание на надписи на ветерке или подвеске: лучше всего выбрать иероглифы с пожеланиями успеха в делах и плодовитости в семье.

Неплохо также поместить индийский лук рядом с маленьким фонтанчиком или интерьерным бассейном. Стихия воды родственна этому растению и усиливает его положительное влияние, а соседство с зеркалом может отрицательно сказаться на энергетике растений. Согласно учению фэн-шуй обращаться с зеркалом следует очень осторожно. Оно может оттягивать на себя энергию, ослабляя ее обладателя, а в некоторых случаях служит проводником для нечистых сил. Не случайно поэтому зеркало участвует во многих опасных гаданиях и обрядах.

С помощью индийского лука можно создавать разнообразные интерьерные композиции — не только красивые и оригинальные, но и обладающие благотворным действием на многие стороны жизни.

Если в семье есть подростки, постоянно инициирующие ссоры, не желающие слушаться родителей, фэн-шуй советует установить в главной комнате квартиры композицию, укрепляющую уважительные отношения в семье. На подоконнике над горшочком с индийским луком полезно повесить развернутый китайский веер с изречением Конфуция. Центральным понятием его учения было «сяо» (буквально переводится как «сыновнее почтение»). Китайцы говорили: «Познай свое сяо, и ты познаешь свое дао» («дао» — путь, судьба, верная жизненная дорога). У входа в эту комнату рекомендуется повесить «колокольчик счастья» из желтого металла.

Чтобы улучшить продвижение по карьерной лестнице, нужно поставить индийский лук на рабочем столе справа от себя, подстелив под него яркую циновку или коврик. Если требуется повышение заработной платы, можно положить под горшочек несколько монет: пятирублевых и пятикопеечных. Пять — число человека и простых человеческих радостей.

Сохранению здоровья помогает композиция из нескольких горшочков индийского лука (оптимально — 3) вокруг небольшого фонтанчика. Особенно хорошо, если бассейн фонтана оформлен в голубых и зеленых тонах.

Раннее зацветание индийского лука — очень хорошая примета. Если растение выбросило стрелку в сентябре — октябре, ждите хороших новостей. Если рано зацвело растение, находящееся в квартире, семью ждет радостное событие; особенно благоприятно цветение индийского лука, когда в семье ожидается прибавление. Это сулит счастливую судьбу ребенку и его родителям. Если цветок распустился в офисе — следует ожидать повышения по службе или прибавления в зарплате. Если же цветок, напротив, не торопится цвести или быстро отцветает — не спешите волноваться: скорее всего, его пора пересаживать в более объемистый горшок.

Индийский лук благоприятно влияет на межличностные отношения. В его «ведении» находятся связи родителей с детьми, дружеские и добрососедские отношения. Он поможет гармонизировать отношения в семье, где есть подростки; поставленный в общем коридоре коммунальной квартиры, подружит всех ее обитателей.

Вы можете подарить это чудесное растение своим друзьям даже из других городов — луковички-детки и семена выдерживают пересылку.

Однако не стоит дарить индийский лук молодоженам, поскольку нежные чувства не находятся в его «компетенции». Скорее такой подарок подойдет людям, много лет прожившим в браке: он укрепит взаимопонимание, уважительное и бережное отношение друг к другу.

Глава 2

ПРАВИЛЬНОЕ ОБРАЩЕНИЕ С ЛЕКАРСТВЕННЫМИ РАСТЕНИЯМИ

СБОР, СУШКА, ХРАНЕНИЕ И ПРИГОТОВЛЕНИЕ

При самостоятельном сборе лекарственных растений необходимо придерживаться определенных сроков и правил сбора, поскольку только в определенное время растения обладают всеми необходимыми для лечения свойствами, а сохранить их возможно при правильном сборе и хранении.

При сборе растений необходимо знать, какие части того или иного вида лекарственного растения применяются в народной медицине; когда и как именно технически нужно проводить сбор; как сушить сырье; какие меры принять для лучшего сохранения заготовленного материала.

Количество действующих начал, содержащихся в лекарственном растении, в различные периоды его роста и развития колеблется, поэтому время сбора растений обусловлено моментом наибольшего содержания в них действующих начал.

Хочу обратить ваше внимание на то, что неправильное использование лекарственных растений может принести вам вред. Кроме того, всегда существует опасность так называемой передозировки растениями и препаратами на их основе, если они относятся к группе наиболее сильнодействующих и токсичных.

Ученые доказали, что лекарства, приготовленные из лекарственных растений, дают гораздо меньше побочных эффектов по сравнению с синтетическими препаратами. Кроме того, они гораздо легче усваиваются организмом и доступны практически каждому. Самостоятельно можно заготавливать и применять в качестве средств народной медицины лишь общеупотребительные неядовитые растения, овощи, ягоды, фрукты, семена и другие продукты естественного происхождения.

Для приготовления целебных настоев, отваров, экстрактов, порошков, мазей и других лечебных препаратов используются различные части растений: листья, стебли, кора, почки, семена, ягоды, цветки и соцветия, соки, клубни, луковицы, корни и корневища. Все это получило название биологического сырья. У дикорастущих растений содержание целебных средств в разных частях неодинаково, а биологическая активность растительного сырья зависит от места произрастания, времени их сбора, способа сбора и сушки. В лечебных целях следует использовать свежевысушенные растения, поскольку это принесет гораздо больший эффект, нежели использование застарелых и залежавшихся сборов.

Нельзя собирать лекарственные растения вдоль дорог, железнодорожных путей, промышленных объектов и жилых кварталов, на свалках и пустырях: помимо целебных веществ, в них скапливаются соли тяжелых металлов, радиоактивные соединения, токсины и прочие ядовитые вещества. Растения, таким образом, из лекарственных быстро превращаются во вредные или даже опасные для здоровья. Для сбора лекарственных трав не подходят луга и поляны, где пасут скот.

Не стоит собирать лекарственные растения в парках и зонах отдыха. Они, как правило, содержат минимум лекарственных свойств из-за того, что так или иначе впитывают в себя промышленные и бытовые отходы, продукты распада многих соединений. Лучше всего для этой цели подойдут луга и поля, где редко ступает нога человека. Лекарственные растения, собранные в настоящем лесу, обладают поистине уникальными свойствами. Но самые лучшие и самые эффективно действующие лекарственные растения растут в предгорьях и на горных лугах, где почва богата минералами, а воздух кристально чист.

Правильное обращение с лекарственными растениями

Лекарственными травами называют листоносные и цветоносные стебли травянистых растений. Траву, а если говорить точнее, ее наземную часть, собирают в начале или во время полного цветения, скашивая или срезая ее косой или серпом. Исключение составляет череда — ее собирают во время бутонизации. Одеревеневшие, ставшие грубыми участки травянистых стеблей удаляют.

Цветки срезают в период бутонизации или в первой половине фазы цветения растений, но только после обсыхания росы. Для изготовления лекарственных препаратов используются не только лепестки, венчики, пыльцу, но и целые соцветия.

Листья годны для производства препаратов в период бутонизации или цветения растений. Исключение составляют растения, у которых в это время листья еще малы, как, например, у мать-и-мачехи. Листовые пластины деревьев и кустарников заготавливают в течение всего лета, хотя наибольшую ценность представляют наиболее молодые. Их собирают в утренние часы в сухую погоду, после высыхания росы, отбирая прикорневые, нижние, средние стеблевые листья.

Листья некоторых растений, таких как подорожник, мята, заготавливают вместе с черенком длиной 1 см. Листья земляники собирают только после созревания ягод, ни в коем случае не раньше отведенного срока, иначе все лекарственные свойства сырья будут потеряны. Что касается деревьев и кустарников, то их листья можно заготавливать все лето, но молодые листья более ценны для будущих лекарственных препаратов, нежели старые, готовящиеся к опаданию.

Отдельно собирают почки березы, тополя, черной смородины. Оптимальное время сбора — ранняя весна, когда они достаточно набухли, а листья не появились. В апреле, а у некоторых деревьев в марте, в почках накапливается максимальное количество полезных веществ, соков, витаминов и минералов. Исключением являются сосновые почки, их заготавливают зимой или ранней весной (в феврале — марте).

Под сосновыми почками понимают молодые укороченные верхушечные побеги в начальной стадии роста. Самое главное — собрать сосновые почки до начала их интенсивного роста. Их срезают острым ножом с боковых ветвей, у основания, с остатками веток длиной, не превышающей 3 мм.

Плоды и семена рекомендуется заготавливать после их полного созревания, поскольку именно в этот момент они содержат максимальное количество лекарственных веществ. Сочные плоды и ягоды, такие как малина, земляника, смородина, собирают рано утром или ближе к вечеру. Целесообразнее отдавать предпочтение ягодам среднего размера без повреждений и червоточин. Это связано с тем, что процессы гниения, начавшиеся в одной ягоде, могут распространиться и на другие. Плоды шиповника, боярышника лучше собирать до полного созревания, пока они не стали слишком мягкими. Переспелые ягоды, как правило, лежат недолго, следовательно, сохраняют свои лекарственные свойства очень короткий промежуток времени.

Способы сбора семян различны. Если семена растения содержатся в коробочках или других похожих приспособлениях, то срезать нужно именно эти части по мере их созревания.

Самое главное — не упустить времени, поскольку семена у подобных растений достаточно легкие и быстро развеиваются по ветру. Если семена быстро осыпаются (например, в соцветиях типа зонтиков или колосьев), то можно срезать их вместе со стеблем. Семена при этом должны быть слегка недозревшими, чтобы они дозрели в домашних условиях. Растения связывают в небольшие пучки и подвешивают семенами вниз, расстилая по ними листы плотной бумаги, пока основная часть семян, окончательно созрев, не осыплется на них.

Кору деревьев и кустарников заготавливают весной.

Именно в это время она нежная и легко поддается срезанию. Кроме того, в ней достаточно соков и полезных веществ. Предпочтительнее собирать кору молодых деревьев. У крушины кору собирают в любое время года.

Соки различных деревьев, например березы, собирают ранней весной — в период сокодвижения. Для этой цели лучше выбирать молодые и здоровые деревья. На стволах или ветках делают крестообразный надрез, подставляют небольшую воронку и собирают целебную жидкость в предназначенную для этого емкость. Не стоит увлекаться сбором соков с одного и того же дерева, поскольку можно погубить растение. Сбор соков трав производят в течение всего периода вегетации.

Корни и корневища заготавливают ранней весной или поздней осенью. Весной, до начала вегетации, в корнях и корневищах накапливается достаточное количество целебных веществ. По тому же принципу корни и корневища выкапывают осенью, когда после созревания семян и увядания наземной части растения подземная представляет собой главную ценность благодаря накопившимся в ней за весенне-летний период минералам и витаминам.

При выкапывании корней нужно осторожно извлечь растение из земли и руками устранить прилипшие комочки почвы. Если корень очень длинный и толстый, со множеством ответвлений, то достаточно отрезать его основную часть. Для извлечения длинного и мощного корня, помимо лопаты, можно использовать кирку, вилы и другие садовые приспособления. Аналогичным образом поступают и с луковицами. Луковицы топинамбура, лука, чеснока осторожно подкапывают, а затем выдергивают из земли. Для облегчения этого процесса почву можно предварительно увлажнить.

Корневища представляют собой видоизмененные подземные побеги, имеющие следы листьев и напоминающие корни, различного цвета — от белого до темно-бурого. Форма их столь же разнообразна, как и цвет. От корневищ отходит множество придаточных корней, затрудняющих процесс выкапывания корневищ из почвы. Следует удалить наземные побеги, подкопать корневище лопатой, а потом аккуратно извлечь его руками из земли. Клубни тоже представляют собой видоизмененные побеги, однако несколько расширенные к нижней части. Как и корни, луковицы и корневища целесообразно собирать весной или осенью, когда наземная часть побега отмирает, а в подземной скапливается достаточное количество питательных веществ.

Собранное лекарственное сырье раскладывается в корзинки или ведра отдельно по видам. Необходимо следить за тем, чтобы растения или их части не были сдавлены. Быстро увядающие растения рекомендуется во время транспортировки оборачивать влажной тряпочкой. Растения, собранные вместе с летучими семенами (с соцветиями типа зонтик, колос), оборачивают марлей или другой легкой тканью, чтобы семена не осыпались раньше времени. Помните, что при нарушении правил сбора снижаются качество лекарственного сырья и его лечебные свойства.

Лекарственные растения не так часто используют для лечения в натуральном виде. Как правило, они становятся составной частью каких-либо лечебных препаратов или лекарственных форм. В свежем виде используются:

1) корнеплоды (морковь, свекла, репа, редька);
2) овощи (тыква, огурцы, дыня, арбуз);
3) клубни (картофель, топинамбур), лук, чеснок и некоторые другие.

Они используются для изготовления целебных настоев, отваров, чаев, экстрактов, настоек, мазей, паст, порошков.

Если нет необходимости применять лекарственное растение сразу после сбора и оно понадобится лишь через некоторое время, то для сохранения уникальных его свойств нужно следовать определенным правилам сушки. Сразу после сбора растения перебирают: корни к корням, листья к листьям. Если части одного и того же растения предстоит использовать для приготовления разных лечебных препаратов, то его необходимо расчленить. Далее в каждой группе растений производится так называемый внешний осмотр, когда устраняются дефектные побеги, плоды и листья или их испорченные части, поскольку процессы гниения могут распространиться и на другие растения. Помимо этого, из растений, попорченных насекомыми или непогодой, вряд ли получится эффективное лекарство.

Для сушки наземных частей растений (листьев, цветов, стеблей, семян) лучше всего подойдет теплая, солнечная, но не слишком жаркая погода. Небольшой, без резких порывов ветерок только поможет скорейшему высушиванию растения. Знатоки рекомендуют не затягивать с процессом сушки наземной части растений. Целесообразнее делать это сразу после сбора. Заранее готовят место для сушки — небольшую площадку, желательно в тени небольшого дерева.

Наземные части растения, предназначенные для сушки, аккуратно раскладывают на чистой натуральной ткани, бумаге или брезенте. Многие предпочитают заготавливать растения на даче, раскладывая составные части будущих лекарственных препаратов прямо на земле или веранде. Ни в коем случае не стоит этого делать: грязь, пыль и посторонние предметы могут стать причиной необратимых последствий! Более эффективно и допустимо с точки зрения гигиенических требований размещение растений на ткани на небольшом кухонном столе, вынесенном на свежий воздух, под сень дерева.

Не стоит стремиться во что бы то ни стало высушить растения за один день, сушку можно растянуть на 2—3 суток, и такой срок нисколько не повлияет на свойства растений, наоборот, сделает процесс сушки более равномерным. Постарайтесь проследить, чтобы поблизости не находились дети: им ничего не стоит испортить многочасовой труд. Кроме того, они по незнанию могут подбросить к сохнущим растениям совершенно посторонние предметы или, что еще хуже, поиграть с ними. Не допускайте к месту сушки составных частей ваших будущих лекарственных препаратов домашних животных, а также птиц, насекомых, грызунов, являющихся постоянными обитателями любой дачи. Для сушки лекарственных растений прекрасно подойдет чердак. Самое важное, чтобы там было достаточно свежего воздуха, а также чисто и тепло.

Сушить растения можно и на балконе или лоджии. Главное, чтобы к месту сушки проникало достаточно свежего воздуха и оно было снабжено навесом.

Наземные части растений, предназначенные для сушки, раскладывают тонким слоем, не превышающим 1—2 см. Что касается листьев, то их целесообразнее разложить в 2—3 слоя, а крупные и мясистые — в 1 слой. Исключение составляют почки деревьев и кустарников. Для их сушки необходима холодная сухая погода, чтобы они ни в коем случае не распустились, иначе ваши старания закончатся ничем. Их раскладывают на чистой, желательно натуральной ткани или плотной бумаге слоем 3—4 см. Набухшие березовые почки можно просушить и в нежарком духовом шкафу, постоянно помешивая, чтобы они не подгорели. Почки считаются готовыми в том случае, если они не прилипают к рукам.

Корневища и корни можно сушить на открытом солнце. Их очищают от прилипших кусочков земли, а затем промывают холодной проточной водой. Ни в коем случае не оставляйте корни и корневища в воде: от этого они могут разбухнуть, что существенно увеличит время их сушки. Исключением служат корни алтея и солодки. Ни те ни другие не рекомендуется мыть в воде, поскольку они могут потерять свои лекарственные свойства. Их достаточно просто тщательно очистить от почвы руками и обмахнуть метелкой. Если корни и корневища, предназначенные для сушки, достаточно крупные, их необходимо разрезать на несколько частей. Толстые корни разрезают вдоль, а длинные корневища — поперек. Если нет достаточного количества времени на сушку корней, то можно их измельчить теркой, миксером или в ступке.

Можно сушить корни и в нежарком духовом шкафу. Для этого корень или корневище необходимо измельчить и положить на лист бумаги средней толщины, постеленный на противень. Сильный огонь неравномерно изжарит корни по бокам, а их сердцевина останется сырой. Можно оставить измельченные корни и корневища в теплом духовом шкафу на всю ночь.

Семена с небольшим количеством влаги просушивают на открытом воздухе или в сушилках с искусственным подогревом. Плоды с небольшим количеством влаги (например, шиповник или боярышник) можно нанизать на тонкую, прочную нить и развесить между деревьями на даче или дома. Растения с сухими семенами (укроп, тмин, фенхель) срезают вместе со стеблем, причем плоды не должны достигать окончательной зрелости. Стебли связывают в пучок и подвешивают в прохладном месте соцветиями вниз. Не стоит располагать пучки слишком высоко, поскольку под ними расстилают лист чистой плотной бумаги, предназначенный для сбора опавших семян. В конце сушки семена просеивают через сито, чтобы устранить инородные тела.

Сочные ягоды (малину, землянику, смородину) перед сушкой перебирают, удаляют все, подвергнутые червоточине. Не стоит мыть ягоды в теплой воде. Малину вообще перед сушкой нельзя мочить, ее нужно очень осторожно разложить на листе бумаги. Смородину и клубнику (землянику), если нужно, ополаскивают в проточной холодной воде.

Сначала сочные плоды немного подвяливают на солнце и только после этого сушат в духовке. На металлический противень натягивают специальную сетку, на нее аккуратно раскладывают ягоды. Начальная температура просушивания +30°C. Постепенно ее нужно увеличить до +60°C. Ягоды считаются готовыми, если при сжатии они не будут слипаться.

Сырье, имеющее в составе эфирные масла, высушивается при температуре, не превышающей +30°C. Сырью, содержащему алкалоиды, для сушки необходима температура около +50°C, а сырью, содержащему гликозиды, — не более +55—60°C.

Отдельные требования предъявляются к сушке чаги (трутовика), многолетнего гриба, паразитирующего на стволах березы и некоторых других лиственных растений. По внешнему виду трутовик представляет собой многослойные наросты причудливой формы. Собранные трутовики необходимо перебрать, чтобы устранить грибы, подернутые снизу словно бархатом или напоминающие по форме конские копыта, очистить и разрубить на куски длиной 5—6 см. Трутовик сушат на свежем воздухе, раскладывая тонким слоем на льняной ткани или в нежаркой печи при температуре +50—60°C. Сухой гриб изменяет свой цвет от светло-желтого до бурого или коричневого.

Процесс сушки лекарственных растений длительный и требует большой внимательности и терпения. Во время сушки растений или их составных частей необходимо 2—3 раза их встряхивать, иногда переворачивать, чтобы заготавливаемое на зиму сырье равномерно просушилось со всех сторон. Помимо этого, при встряхивании растений пыль, осевшая на них за это время, устраняется, что избавляет от необходимости просеивания сырья после сушки.

Грамотно высушенное сырье, как правило, сохраняет свой естественный цвет. Хорошо и правильно подсушенные ветки, корни, корневища, стебли и трава при разламывании не гнутся, а ломаются с характерным треском. Высушенные листья, цветки, травы при надавливании и перетирании пальцами легко превращаются в порошкообразное вещество, ягоды и почки при надавливании не липнут к рукам, свободно распадаются на части.

Помимо того, что собранные растения нужно правильно высушить, их нужно грамотно сохранить, чтобы они с течением времени не потеряли своих уникальных целебных свойств.

Высушенное сырье держат в сухом, прохладном, темном месте. Корни, корневища, кору, трутовик хранят в полотняных мешочках. На каждый мешочек необходимо нашить этикетку с названием растения и годом его сбора. Это же касается и прочих растений, поскольку использование в лечебных целях неверно выбранного сырья может привести к плачевным результатам.

Сыпучие легкие семена целесообразнее помещать в небольшие стеклянные баночки с плотно заворачивающимися крышками (например, от майонеза, детского питания и т. п.). Листья и цветки можно разложить в бумажные пакетики, ягоды (например, шиповник) ссыпать в небольшие мешочки. Для хранения ягод типа земляники подойдут небольшие коробочки или баночки. Сырье, содержащее летучие вещества, рекомендуется хранить в стеклянных или металлических банках с плотно закрывающимися крышками.

СПОСОБЫ ПРИГОТОВЛЕНИЯ ЛЕКАРСТВЕННЫХ ПРЕПАРАТОВ РАСТИТЕЛЬНОГО ПРОИСХОЖДЕНИЯ В ДОМАШНИХ УСЛОВИЯХ

Расскажу о способах приготовления лекарственных препаратов растительного происхождения в домашних условиях.

В домашних условиях можно использовать различные методы приготовления, избегая препаратов из ядовитых и сильнодействующих растений.

В домашних условиях для лечебных целей чаще всего из лекарственных растений приготовляют соки, порошки, настои, сиропы, отвары, настойки и мази.

Для настоев и отваров лекарственное сырье измельчают. Траву, листья, цветки измельчают до частиц размером не более 5 мм, стебли, корни, кору — до 3 мм, семена, плоды — до 0,5 мм. Сырье помещают в фарфоровый, эмалированный или стеклянный сосуд, заливают водой комнатной температуры, закрывают крышкой и нагревают на кипящей водяной бане при частом помешивании: настои — в течение 15 минут, отвары — 30 минут.

После этого сосуд охлаждают при комнатной температуре — настои в течение 45, отвары — 10 минут. Затем содержимое процеживают, отжимая остаток сырья, и доводят кипяченой водой до первоначального объема. Отвары из сырья, содержащего дубильные вещества (коры дуба), процеживают немедленно после снятия с водяной бани.

Настои и отвары готовят из расчета 1:10, то есть для получения 100 мл настоя нужно взять 10 г сырья. Настои из корневища валерианы готовят из расчета 1:30. Настои для наружного применения обычно более концентрированные.

При приготовлении настоев можно обойтись и без водяной бани. В этом случае сырье заливают кипятком, ставят на плиту и следят, чтобы настой не кипел. Через 15 минут его снимают, охлаждают и фильтруют.

Настои и отвары быстро портятся, особенно в летнее время или в теплом помещении, поэтому лучше их готовить ежедневно. Если это невозможно, их хранят в холодильнике не более 3 суток.

Для приготовления сока свежие растения измельчают при помощи терки, мясорубки, соковыжималки. В полученный сок для более длительного хранения добавляют спирт.

Самая простая лекарственная форма — порошок. Высушенное сырье (листья, траву, плоды, кору, корни) измельчают в ступке или кофемолке и применяют как внутрь, так и наружно — для присыпки язв и ран. Кроме того, они служат исходным продуктом для приготовления настоек и мазей.

Сиропы — густые, сладкие жидкости, предназначенные для употребления внутрь. Для получения лекарственного сиропа смешивают сахарный сироп с лекарственными настойками (при необходимости нагревают), затем фильтруют. Для получения сахарного сиропа добавляют в воду сахар (1 часть сахара на 1 часть воды) и доводят до кипения, после чего процеживают.

Настойки — лекарственные препараты, приготовленные на 70%-ном или 40%-ном чистом медицинском спирте. Измельченные части растения высыпают в плотно закрывающуюся банку или бутылку и заливают нужным количеством спирта. Настаивают при комнатной температуре, лучше в темном месте, в течение 7—10 суток, затем фильтруют. Готовый настой должен быть прозрачным и иметь запах и вкус настаиваемого растения. Настойки готовят в соотношении 1:5 или 1:10. Они хранятся в холодильнике длительное время (несколько месяцев) и дозируются от 10 до 30 капель на прием.

Мази — лекарственные формы, используемые только для наружного применения. Их готовят из порошков лекарственных растений, в качестве основы для мази применяют несоленый свиной, гусиный, говяжий жир, вазелин, растительные масла. Мазевую основу растапливают на водяной бане, часть ее, постоянно растирая, смешивают с лекарственным порошком, после чего прибавляют остальное количество масла или жира до требуемого веса.

Из лекарственных растений обычно готовят мази с содержанием в них лекарственного сырья до 10—25%.

Для хранения мазей используют баночки с широким горлом из стекла, фарфора или пластмассы с хорошо закрывающимися крышками. Хранят мазь в темном прохладном месте.

Следует подчеркнуть важность соблюдения дозировок растительных препаратов, особенно при лечении детей. Можно избежать ошибок, если запомнить следующее правило: на каждый год жизни ребенка требуется 1/20 дозы взрослого человека. Для определения веса лекарственных растений желательно иметь аптечные весы, но если их нет, то для определения приблизительных доз можно воспользоваться следующей таблицей:

Вид лекарственного сырья	Вес (г)	
	1 ч. л.	1 ст. л.
Трава	1,5	4
Плоды	4	12
Корни	5	15

Чаи и сборы лекарственных растений состоят из смеси нескольких видов растительного сырья. Для получения равномерной смеси отвешенное сырье смешивают на чистой бумаге, в ступке или банке.

Способы применения и дозировки лекарств растительного происхождения, а также показания и противопоказания по их применению должны быть указаны в каждом рецепте, их нужно строго соблюдать.

То, что лекарственные растения как лечебное средство действенны, сомнения не вызывает. Но насколько они будут эффективны, зависит в значительной мере от правильного их применения. Следует стремиться сохранить в неизмененном виде и по возможности наилучшим образом извлечь соответствующие вещества из лекарственного сырья. Только тогда можно считать его действительно ценным.

Чтобы увериться в получении качественного сырья, его лучше всего покупать в аптеке, поскольку фармацевт персонально отвечает за соответствие продаваемого им аптечного сырья требованиям медицины, обеспечивает его идентификацию, чистоту и оптимальное содержание действующих веществ.

ПРИМЕНЕНИЕ ВНУТРЕННЕЕ И НАРУЖНОЕ

Уже издавна наиболее используемой формой лекарственного растения стал чай (настой). Его готовят из одного растения либо из смеси. Это водная вытяжка с помощью горячей воды, но можно использовать и холодный способ. Какой способ лучше, сказать нельзя, поэтому в каждом рецепте описан правильный для данного растения способ приготовления чая. Если вы будете придерживаться максимально точно данных рекомендаций, то получите ожидаемый результат. Очень важно знать, каким способом пользоваться: залить траву холодной водой, довести до кипения и процедить, или залить ее кипятком, дать настояться, а потом процедить, или же настаивать только в холодной воде. Время настаивания тоже нельзя выбирать произвольно.

Необходимо следовать указаниям о температуре питья, подслащивании его или неподслащивании и о том, как пить — маленькими глотками или большими, медленно или быстро, перед едой или после. Чай применяют как внутрь, так и наружно. При воспалении в полости рта и горле рекомендуют наружное применение настоя — для полоскания. В таких случаях его употребляют умеренно теплым, примерно при температуре +35°С.

Для наружного применения часто рекомендуется разведение настоя равным количеством ромашкового чая, поскольку растение обладает многими полезными свойствами. Лечение ран с помощью чая (настоя) проводят различными способами. Можно делать местные ванны, погружая в чай больной орган (палец, руку, ногу) на 10—15 минут при температуре +35—40°С.

Можно делать примочки или влажные компрессы на несколько часов или влажные повязки, которые оставляют на больном месте до высыхания. В этом случае вату или марлевую салфетку смачивают чаем, кладут на пораженное место и фиксируют бинтом. Не накладывайте поверх повязки полиэтилен или другой непроницаемый для воздуха материал! Повязку после высыхания можно снова смочить чаем.

Часто настой из трав рекомендуют для обмывания нездоровой кожи. В умеренно теплом настое смачивают чистый платок и легкими круговыми движениями обмывают больные места. Действующие вещества из лекарственного растения попадают на больную кожу, очищают ее и способствуют заживлению. Легкое растирание усиливает кровоснабжение больных участков кожи.

Если же нужно удалить струпья, сначала прикладывают смоченный горячим чаем (чтобы можно было терпеть) платок к больному месту и только через 10 минут очень осторожно проводят очищающие движения: струпья размягчаются, и их легче удалить.

Травяные мешочки используют в двух случаях: во-первых, для размягчения и созревания нарывов и, во-вторых, для тепловой терапии. Естественно, они должны быть хорошо прогретыми (в соответствии с переносимостью). Сшитый изо льна или марли мешочек заполняют травой и опускают в кипящую воду. Через 5—10 минут мешочек вынимают, слегка отжимают и, дав немного остыть, прикладывают к больному месту.

Ингаляции и паровые ванны также относятся к методам наружного применения. В сосуд наливают около 1 л воды, всыпают небольшую горсть сухой травы и нагревают до кипения, покрывают голову и сосуд большим платком или полотенцем и медленно и глубоко вдыхают травяные пары через рот или нос.

При паровой ванне нужно, чтобы пар хорошо прогревал кожу. Когда пар перестанет подниматься, сосуд можно снова подогреть. Время этой процедуры составляет 5—10 минут. Для паровой ванны в анальной или генитальной областях потребуется сок корней, листьев или трава. Сначала грубоизмельченные части растения заливают холодной водой и оставляют на несколько минут для размягчения. Лишь потом их отжимают через соковыжималку. Без соковыжималки получить сок сложнее: обязательно сначала нужно очень мелко измельчить растение или натереть на терке, а затем добавить немного воды; после получасового размягчения все заворачивают в полотняную ткань и, выкручивая, отжимают сок. Соки следует употреблять немедленно, свежеприготовленными.

Правильное обращение с лекарственными растениями

Говоря о лечении лекарственными растениями, не могу не предупредить о неприятных последствиях, способных возникнуть из-за неправильного соблюдения рецептуры или правил применения препаратов.

Те, кто точно следует рекомендациям о применении лекарственных растений и самостоятельно не использует растения, отмеченные как ядовитые, отравиться не могут. Но все же приведу основные правила поведения на случай отравления.

При первых признаках отравления — тошноте, рвоте, спазмах желудка, поносе — следует тотчас освободить желудок. Для этого нужно выпить большое количество тепловатой воды (детям можно дать сок), после чего, введя палец в рот, нажать им на основание языка или пощекотать в горле птичьим перышком. Полезно сразу же после этого проглотить 10—20 разжеванных таблеток активированного угля (можно принять 20—30 г размешанного в воде угольного порошка). Уголь адсорбирует ядовитые вещества, препятствуя проникновению их в кровь.

Через некоторое время снова освободите желудок. Нужно очистить и кишечник: 2 ч. л. глауберовой соли растворите в 1 л воды и выпейте. Ни в коем случае ничего не вливайте в рот человеку, потерявшему сознание!

Немедленно вызовите врача. Ему важно получить четкое представление о произошедшем. Поэтому вы должны суметь ответить на следующие вопросы: какое растение было принято в слишком большой дозе, когда это произошло, какие нарушения наблюдались, какие меры первой помощи были оказаны. Только тогда врач сможет успешно продолжить начатое вами лечение.

ИНДИЙСКИЙ ЛУК. МИФ ИЛИ РЕАЛЬНОСТЬ?

Индийский лук успешно применяется для лечения различных недугов и серьезных заболеваний. Спектр действия растения очень широк: его используют при простудных заболеваниях, радикулите, ревматизме, артрите, сок птицемлечника лечит ушибы, зубную боль и т. д. Применение растения в нетрадиционной медицине объясняется химическим составом индийского лука. Биологически активные вещества, обнаруженные в соке птицемлечника, обеспечили ему славу зеленого лекаря. Однако обратите внимание на то, что индийский лук ядовит, нельзя допускать попадания сока растения внутрь.

При использовании растения в лечебных целях необходимо соблюдать крайнюю осторожность; во-первых, потому что уже точно известно о том, что растение ядовито, поскольку его сок содержит токсины; во-вторых, потому что состав птицемлечника еще не до конца изучен; в-третьих, потому что переизбыток полезных биологически активных веществ в организме способен превратить их в яд и, наконец, потому что речь идет о вашем здоровье, которое легко потерять, но очень сложно вернуть! Поэтому в случае, если вы решили прибегнуть к помощи индийского лука для лечения своих недугов, не поленитесь обратиться за консультацией по этому поводу к врачу — он подскажет, целесообразно ли применение сока растения именно в вашем случае и не нанесет ли это урона вашему организму.

Итак, не допускайте, чтобы сок индийского лука попадал внутрь организма. Также настоятельно рекомендуется избегать попадания сока на слизистую оболочку глаза, поскольку он вызывает раздражение, результатом которого может стать конъюнктивит. Если сок индийского лука все-таки брызнул в глаза, необходимо немедленно их промыть большим количеством теплой, но не горячей воды, после чего применить глазные капли, а затем отдохнуть с закрытыми глазами не менее 15 минут.

Индийский лук применяется для заживления кожных ранок, однако в этом случае следует соблюдать большую осторожность и строго соблюдать дозировку, приведенную в рецепте лечебного средства.

Индийский лук практически не имеет противопоказаний, за исключением индивидуальной аллергической непереносимости. Кроме того, лечение соком птицемлечника не рекомендуется беременным женщинам, также не следует его применять при обострении любого хронического заболевания. Отказаться от использования препаратов, приготовленных на основе индийского лука, следует людям с тяжелой почечной и печеночной недостаточностью. С осторожностью следует использовать птицемлечник хвостатый для лечения различных заболеваний детям и людям преклонного возраста.

Для того чтобы выявить аллергию на сок растения, перед тем как использовать препараты, приготовленные на его основе, следует провести пробу: приложите листок на несколько минут к здоровой коже на руке и проследите за реакцией. Если в течение 1 часа появится зуд, кожа покраснеет и на ней появятся высыпания, это означает, что у вас аллергия и вам не следует применять это растение.

При использовании листа индийского лука для натираний (при различных заболеваниях — простудных, заболеваниях суставов, головной боли и т. д.) возможны побочные эффекты. Проявляются они в том, что место соприкосновения листа растения с кожей начинает жечь, но жжение быстро проходит, а затем наступают облегчение и полное избавление от недуга или временное утихание боли. Могут появиться и другие ощущения, например легкое покалывание или даже резкая боль. В любом случае неприятные ощущения вскоре пройдут. Чтобы облегчить состояние после натирания листом или соком индийского лука, больное место следует укутать шерстяным шарфом или теплым одеялом и немного отдохнуть.

В случае если сок растения попадает в организм в переизбытке, происходит отравление. Оно может произойти как при случайном приеме препарата внутрь, так и при взаимодействии с кожей. Отравление проявляется тошнотой, рвотой, поносом, могут наблюдаться выпадение волос и нарушение работы почек, а также нарушение свертываемости крови. При отравлении пострадавшему необходимо оказать немедленную помощь. К сожалению, без госпитализации в этом случае не обойтись, однако перед прибытием профессиональной медицинской помощи пострадавшему следует оказать первую помощь в домашних условиях.

Признаки отравления растениями с высокой концентрацией биологически активных веществ проявляются, как правило, либо через несколько минут после приема чрезмерной дозы, либо через 1,5—2 часа. При первых признаках отравления пострадавшему следует дать как можно больше жидкости, чтобы промыть желудок и вывести токсины из организма хотя бы частично. Лучше всего поить отравившегося большим количеством теплого молока, можно также использовать минеральную воду, зеленый чай, березовый сок, мед, разведенный в теплой воде, отвар риса. На крайний случай подойдет и простая кипяченая вода.

Промывание желудка следует делать через зонд с использованием антисептиков (раствора перманганата калия) или водного раствора танита. Хорошо, если у пострадавшего удастся вызвать рвоту. Для этого можно использовать раствор питьевой соды или кусочек сливочного масла.

С помощью подобных процедур можно нейтрализовать и вывести из организма часть яда, однако впоследствии прибегнуть к квалифицированной врачебной помощи все равно необходимо.

Лечебные свойства индийского лука определяются в первую очередь его химическим составом. Сок растения содержит биологически активные вещества, которые, попадая в организм в умеренных количествах, вызывают в нем положительные изменения, активизируя работу внутренних органов. Однако необходимо строго следить за дозировкой этих веществ, поскольку их переизбыток в организме способен крайне негативно сказаться на самочувствии приверженца фитотерапии.

Из всего химического состава индийского лука самую большую опасность для живого организма представляют алкалоиды. Следует точно соблюдать дозировку и не допускать попадания чрезмерного количества сока птицемлечника в человеческий организм. Эти сложные соединения оказывают сильное воздействие на центральную нервную систему, на клетки головного мозга, являются мощным стимулятором деятельности сердечно-сосудистой и нервной систем человека. Поэтому передозировка алкалоидов приводит к судорогам, параличу дыхательных путей и нарушению работы сердца, замедлению процесса кровообращения, может произойти полная остановка сердца.

Не хочу напугать читателей и вызвать превратное представление о свойствах и пользе для человека индийского лука. Использование растения в фитотерапии оправданно, ведь нередко даже там, где оказывается бессильна традиционная медицина, индийский лук творит настоящие чудеса, избавляя человека от серьезного недуга. Но снова обращу ваше внимание на необходимость проявления внимания при приготовлении и использовании препаратов на основе сока индийского лука, как, впрочем, и других лечебных растений.

Глава 3
ЛЕЧЕНИЕ ИНДИЙСКИМ ЛУКОМ

ЗАБОЛЕВАНИЯ И ПОВРЕЖДЕНИЯ КОЖИ

Бородавки

Бородавки представляют собой кожное заболевание, которое вызывается вирусом и характеризуется мелкими опухолевидными доброкачественными образованиями, в основе которых лежит невоспалительная природа. Заболевание передается при непосредственном контакте с больным, а также через предметы общего пользования. В развитии заболевания определенную роль играет состояние нервной системы.

Различают несколько разновидностей бородавок.

1. Обыкновенные (простые) бородавки — плотные безболезненные образования цвета нормальной кожи или серовато-коричневые узелки округлой формы (3—10 мм в диаметре) с шероховатой поверхностью. Излюбленная их локализация — тыл кистей и пальцев рук, лицо, волосистая часть головы. На подошвенной поверхности стоп возникают так называемые подошвенные бородавки. Они обычно болезненны и состоят из пучков нитевидных сосочков, окруженных валиком из мощных роговых наслоений, напоминающих мозоль.

2. Плоские (юношеские) бородавки — мелкие (0,5—3 мм) узелки цвета нормальной кожи или желтоватые, округлые или полигональные с гладкой уплощенной поверхностью, едва выступающие над уровнем кожи. Излюбленная их локализация — лицо, тыл кистей. Чаще наблюдаются у лиц молодого возраста, особенно у школьников.

3. Остроконечные бородавки.

Бородавки не влекут каких-либо осложнений и причиняют мало неудобств больным. Только подошвенные бородавки нередко болезненны, к тому же с трудом поддаются лечению. Одиночные бородавки можно удалить электрокоагуляцией, диатермокоагуляцией, крепкими кислотами, криотерапией. При лечении подошвенных бородавок также употребляются хирургические методы лечения. При множественных бородавках уничтожение первой (материнской) нередко влечет исчезновение остальных. **Но все эти процедуры возможно проводить только в лечебном учреждении**, *под медицинским контролем.*

В фитотерапии чаще всего используется чистотел, он весьма эффективен от бородавок. После 3—7 смазываний свежим соком чистотела бородавки обычно исчезают. Однако заболевание также можно лечить и индийским луком.

Требуется: 30 мл настойки индийского лука, 30 мл нашатырного спирта.

Приготовление: настойку растения смешать с нашатырным спиртом.

Применение: смазывать бородавку 3—4 раза в день.

Дерматит

Дерматит — воспалительная реакция кожи в ответ на воздействие различных раздражителей внешней среды. Различают контактные дерматиты и таксидермии. Контактные дерматиты возникают под влиянием непосредственного воздействия внешних факторов на кожу, при таксидермиях последние первоначально проникают во внутреннюю среду организма.

Причин дерматитов много. Раздражители, вызывающие дерматиты, имеют физическую, химическую или биологическую природу. Некоторые раздражители вызывают простой дерматит у каждого человека. К ним относятся трение, давление, лучевые и температурные воздействия, кислоты и щелочи, некоторые растения (крапива, ясенец, едкий лютик, молочай и др.). Другие раздражители вызывают воспаление кожи лишь у лиц, имеющих к ним повышенную чувствительность: возникает аллергический дерматит. Количество таких раздражителей огромно и непрерывно увеличивается. Наибольшее практическое значение из них имеют соли хрома, никеля, кобальта, формалин, скипидар, полимеры, медикаменты, стиральные порошки, косметические и парфюмерные средства, предметы парфюмерии, инсектициды, некоторые растения (примула, алоэ, табак, подснежник, герань, чеснок и др.).

Механизм развития простого дерматита сводится к непосредственному повреждению слоев кожи. Поэтому клинические проявления простого дерматита и его течение определяются силой (концентрацией), длительностью воздействия и природой раздражителя, причем поражение кожи возникает немедленно или вскоре после первого же контакта с раздражителем, а площадь поражения строго соответствует площади этого контакта.

В основе аллергического дерматита лежит сенсибилизация кожи. Под влиянием раздражающих факторов возникает аллергическая реакция. Огромную роль в механизме аллергического ответа играют индивидуальные особенности организма: состояние нервной системы, генетическая предрасположенность; перенесенные и сопутствующие заболевания (в том числе микозы), состояние кожи, а также функции сальных и потовых желез. Дерматит развивается под влиянием строго определенного раздражителя. Характерна необычно интенсивная воспалительная реакция кожи на небольшую концентрацию раздражителя и время его воздействия; обширная зона поражения, далеко выходящая за пределы площади воздействия раздражителя.

Простой дерматит протекает остро или хронически. Различают 3 стадии острого дерматита: эритематозную (покраснение и отечность различной степени выраженности), везикулезную, или буллезную (на отечном фоне формируются пузырьки и пузыри, подсыхающие в корки или вскрывающиеся с образованием мокнущих эрозий), некротическую (распад тканей с образованием изъязвлений и последующим рубцеванием). Острые дерматиты сопровождаются зудом, жжением или болью, что зависит от степени поражения. Хронические дерматиты, причиной которых служит длительное воздействие слабых раздражителей, характеризуются покраснением, уплотнением, трещинами, усиленным ороговением, иногда атрофией эпидермиса.

Клиническая картина аллергического дерматита характеризуется ярким покраснением с резко выраженным отеком. На этом фоне могут появляться многочисленные пузырьки и пузыри, дающие при вскрытии мокнущие эрозии. При стихании воспаления образуются корки и чешуйки, по отпадении которых некоторое время сохраняются синюшно-розовые пятна. Для подтверждения диагноза аллергического дерматита обычно используют аллергологические пробы.

При лечении дерматитов применяются следующие рецепты.

1. *Требуется:* 100 мл отвара, настоя из свежих листьев петрушки, 4 ст. л. настойки индийского лука.

Приготовление: отвар или настой из свежих листьев петрушки смешать с настойкой индийского лука.

Применение: нанести на пораженные места (повязку не накладывать, а дать коже подсохнуть).

2. *Требуется:* 50 г мяты, 1 стакан кипятка, 5 ст. л. настоя индийского лука.

Приготовление: мяту заварить кипятком и вылить в ванну с температурой воды +37°C, добавить настой индийского лука.

Применение: принимать ванну 15—25 минут.

3. *Требуется:* 30 г репешка, 30 г хвоща полевого, 30 г подорожника, 30 г цветков розы, 0,5 л кипятка, 2 ст. л. настоя индийского лука.

Приготовление: 2 ст. л. смеси настоять 1 час в 0,5 л кипятка, процедить. Добавить настой индийского лука.

Применение: использовать в теплом виде для натирания пораженных участков кожи.

4. *Требуется:* 100 г листьев и цветков стальника колючего, 1 стакан кипятка, 2 ч. л. настоя индийского лука.

Приготовление: 1 ч. л. сырья залить кипятком и настоять до охлаждения. Добавить настой индийского лука.

Применение: полученной смесью смазывать кожу.

5. *Требуется:* 50 г лабазника вязолистного, 250 г сливочного масла, 2 ч. л. настоя индийского лука.

Приготовление: измельченный в порошок корень смешать со сливочным маслом, добавить настой индийского лука до получения сметанообразной массы.

Применение: натирать пораженные участки кожи при воспалительных дерматозах.

6. *Требуется:* 100 г зверобоя, 1 стакан подсолнечного масла, 2 ч. л. настоя индийского лука.

Приготовление: траву залить стаканом подсолнечного масла, настоять 14 дней, процедить, добавить настой индийского лука.

Применение: натирать пораженные участки кожи при кожных заболеваниях, в том числе при дерматитах.

7. *Требуется:* 100 г звездчатки средней, 1 стакан кипятка, 2 ч. л. настоя индийского лука.

Приготовление: 1 ст. л. сухого измельченного сырья залить в термосе кипятком, настоять 8 часов, процедить, добавить настой индийского лука.

Применение: использовать для примочек при заболеваниях кожи.

8. *Требуется:* 100 г картофеля, 2 ч. л. настоя индийского лука.

Приготовление: перетертые сырые клубни смешать с настоем индийского лука.

Применение: прикладывать к пораженным участкам кожи при лечении дерматитов.

9. *Требуется:* 10 г вероники, 10 г фиалки трехцветной, 10 г череды, 1 л воды, 4 ст. л. настоя индийского лука.

Приготовление: приготовить отвар в воде, добавить настой индийского лука.

Применение: использовать в теплом виде для натирания пораженных участков кожи.

10. *Требуется:* 10 г корня солодки, 10 г корня лопуха, 15 г корня одуванчика, 15 г корня мыльнянки, 30 г корня марены красильной, 1 стакан кипятка, 2 ч. л. настоя индийского лука.

Приготовление: 1 ст. л. смеси залить кипятком и варить 15 минут. Добавить настой индийского лука.

Применение: использовать наружно при дерматитах.

11. *Требуется:* 25 г листьев крапивы двудомной, 25 г листьев шалфея, 25 г листьев березы, 2 ч. л. настоя индийского лука, 1 стакан кипятка.

Приготовление: приготовить настой из 1 ст. л. смеси на стакан кипятка. Добавить настой индийского лука.

Применение: смоченную полученным средством салфетку наложить на пораженную область кожи.

12. *Требуется:* 10 г коры крушины, 10 г корня солодки, 10 г фиалки трехцветной, 40 г листьев грецкого ореха, 3 стакана воды, 2 ч. л. настоя индийского лука.

Приготовление: 1 ст. л. смеси уваривать в 3 стаканах воды до получения 2 стаканов отвара. Смешать с настоем индийского лука.

Применение: использовать для обмывания кожи.

13. *Требуется:* 10 г листьев грецкого ореха, 40 г ясменника пахучего, 50 г цветков липы, 1 стакан кипятка, 2 ч. л. настоя индийского лука.

Приготовление: приготовить настой из 2 ч. л. смеси на 1 стакан кипятка. Добавить настой индийского лука.

Применение: смазывать полученным средством пораженную кожу.

14. *Требуется:* 20 г корня цикория, 20 г корня одуванчика, 20 г листьев вахты трехлистной, 20 г плодов фенхеля, 40 г коры крушины, 1 стакан воды, 2 ч. л. настоя индийского лука.

Приготовление: готовить отвар в течение 5—10 минут из 1 ст. л. смеси на стакан воды. Добавить настой индийского лука.

Применение: полученной смесью протирать пораженные участки кожи.

15. *Требуется:* 5 г цветков василька синего, 5 г цветков календулы, 5 г плодов можжевельника, 5 г коры крушины, 10 г цветков бузины черной, 10 г крапивы двудомной, 10 г хвоща полевого, 5 г листьев березы, 0,5 л кипятка, 2 ч. л. настоя индийского лука.

Приготовление: приготовить настой из 3 ст. л. смеси на 0,5 л кипятка. Добавить настой индийского лука.

Применение: использовать в теплом виде для протирания пораженной кожи.

16. *Требуется:* 10 г соцветий кошачьей лапки, 1 стакан кипятка, 2 ч. л. настоя индийского лука.

Приготовление: приготовить настой в стакане кипятка, добавить настой индийского лука.

Применение: смазывать пораженные участки кожи.

17. *Требуется:* 10 г вербены, 10 г ромашки. 10 г лепестков розы, 10 г дубовой коры, 5 г листьев шалфея, 10 г хвоща, 0,5 л воды, 2 ч. л. настоя индийского лука.

Приготовление: приготовить отвар в 0,5 л воды. Добавить настой индийского лука.

Применение: наружно в виде примочек и натираний пораженных участков кожи.

18. *Требуется:* 20 г корня стальника ползучего, 0,5 л воды, 2 ч. л. настоя индийского лука.

Приготовление: приготовить отвар в 0,5 л воды. Добавить настой индийского лука.

Применение: протирать пораженную кожу.

19. *Требуется:* 5 г вероники лекарственной, 1 стакан кипятка, 2 ч. л. настоя индийского лука.

Приготовление: приготовить настой в стакане кипятка. Добавить настой индийского лука.

Применение: полученное средство использовать для протирания пораженных участков кожи.

20. *Требуется:* 20 г тимьяна ползучего, 1 стакан воды, 2 ч. л. настоя индийского лука.

Приготовление: приготовить настой или отвар в стакане воды. Добавить настой индийского лука.

Применение: полученное средство использовать для протирания пораженных участков кожи.

21. *Требуется:* 20 г эфедры двуколосковой, 0,5 л воды, 2 ч. л. настоя индийского лука.

Приготовление: приготовить отвар в 2 стаканах воды в течение 5 минут. Добавить настой индийского лука.

Применение: наружно в виде примочек и натираний.

22. *Требуется:* 20 г мать-и-мачехи, 20 г крапивы двудомной, 1 л воды, 4 ч. л. настоя индийского лука.

Приготовление: приготовить отвар в воде. Добавить настой индийского лука.

Применение: наружно для смазывания пораженной кожи.

23. *Требуется:* 40 г зверобоя, 20 г спорыша, 20 г дикого цикория, 40 г бессмертника, 30 г коры крушины, 10 г цветков ромашки, 1 л воды, 4 ч. л. настоя индийского лука.

Приготовление: приготовить настой в воде в течение 10—12 часов, кипятить на слабом огне 5—7 минут. Добавить настой индийского лука.

Применение: использовать наружно для протирания пораженных участков кожи.

24. *Требуется:* 10 г крапивы двудомной, 10 г листьев одуванчика, 10 г цветков терновника, 1 стакан кипятка, 2 ч. л. настоя индийского лука.

Приготовление: приготовить настой в стакане кипятка. Добавить настой индийского лука.

Применение: наружно для смазывания пораженной кожи.

25. *Требуется:* 20 г пырея ползучего, 1,45 стакана воды, 2 ч. л. настоя индийского лука.

Приготовление: приготовить отвар или настой в 1,5 стаканах воды. Добавить настой индийского лука.

Применение: использовать для смазывания пораженных участков кожи.

26. *Требуется:* 25 г корня лопуха, 25 г корня пырея, 20 г череды, 20 г травы фиалки, 30 г вероники лекарственной, 1 л воды, 2 ч. л. настоя индийского лука.

Приготовление: приготовить отвар из 40 г смеси в воде в течение 15 минут. Добавить настойку индийского лука.

Применение: использовать для смазывания пораженных участков кожи.

27. *Требуется:* 50 г листьев черники, 50 г стручков фасоли, 50 г листьев мяты, 50 г корня лопуха, 0,5 л кипятка, 2 ч. л. настоя индийского лука.

Приготовление: приготовить настой из 2 ст. л. сбора в

0,5 л кипятка, настаивать в течение 30 минут. Добавить настой индийского лука.

Применение: наружно в виде примочек и обтираний.

28. *Требуется:* 40 г хвоща, 20 г стручков фасоли, 20 г овсяной соломы, 20 г травы зверобоя, 20 г спорыша, 20 г цветков бузины, 30 г цветков василька, 1 л воды, 4 ч. л. настоя индийского лука.

Приготовление: 4 ст. л. смеси залить 1 л сырой воды на ночь, а утром кипятить на слабом огне в течение 7—10 минут. Добавить настой индийского лука.

Применение: в виде примочек и обтираний пораженной кожи.

29. *Требуется:* 10 г шишек хмеля, 10 г листьев мяты перечной, 10 г корня валерианы, 20 г цветков ромашки, 20 г листьев мелиссы, 20 г коры крушины, 1 стакан воды, 2 ч. л. настоя индийского лука.

Приготовление: приготовить отвар из 1 ст. л. смеси на стакан воды. Добавить настой индийского лука.

Применение: смесь добавить в ванну и принимать ее 10—15 минут.

30. *Требуется:* 20 г ясменника пахучего, 20 г листьев ежевики, 10 г чабреца, 10 г травы пустырника, 15 г травы сушеницы болотной, 1 стакан воды, 2 ч. л. настоя индийского лука.

Приготовление: приготовить настой 1 ч. л. на стакан воды. Добавить настойку индийского лука.

Применение: в виде примочек.

31. *Требуется:* 30 г листьев вахты трехцветной, 30 г мяты перечной, 30 г корня валерианы, 1 стакан воды, 2 ч. л. настоя индийского лука.

Приготовление: приготовить настой из 1 ст. л. на стакан воды. Добавить настойку индийского лука.

Применение: использовать для смазывания пораженных участков кожи.

ГЛАВА 3

Нейродермит

Нейродермит — хроническое заболевание с частыми обострениями. Причин нейродермита много, в его развитии играют роль наследственность, состояние или дефект иммунитета, нарушение функций нервной и эндокринной систем и др.

Заболевание обычно начинается с выраженного кожного зуда. Очаги поражения на коже долгое время визуально остаются нормальными, и лишь в дальнейшем вследствие расчесов на фоне покраснения становятся заметными мелкие, плоские, с характерным блеском узелковые образования.

Нейродермит имеет ограниченную и распространенную формы. При первой очаги заболевания располагаются на задней поверхности шеи, в подколенных ямках, в области предплечий, в области локтевых сгибов, на внутренней поверхности бедер и в промежности. В очаге, в центре, кожа, незначительно покрасневшая, утолщена, кожный рисунок резко выражен. Рядом находятся отдельные, плотные, блестящие узелки розового цвета. По краю очага выражена пигментация. В очагах видны следы расчесов, корочки, шелушение. Диффузный нейродермит проявляется гиперпигментацией, сухостью, уплотнением кожи, выраженным кожным рисунком. На поверхности очагов — тонкие и мелкие чешуйки, местами видны следы расчесов с корочками. В области складок на фоне утолщенной кожи нередко образуются трещины.

При нейродермите поможет индийский лук.

1. *Требуется:* 100 мл отвара петрушки, 4 ст. л. настойки индийского лука.

Приготовление: отвар из свежих листьев петрушки смешать с настойкой индийского лука.

Применение: нанести на пораженные места (повязку не накладывать, а дать коже подсохнуть).

2. *Требуется:* 50 г мяты, 1 стакан кипятка, 5 ст. л. настойки индийского лука.

Приготовление: 50 г сухого сырья заварить кипятком и вылить в ванну с температурой воды +37°C, добавить настойку индийского лука.

Применение: принимать ванну 15—25 минут.

3. *Требуется:* 100 г куриного (гусиного, индюшачьего) жира, 50 г размельченных плодов софоры японской, 10 г воска пчелиного, 2 ч. л. настоя индийского лука.

Приготовление: все смешать и поставить на огонь до легкого закипания. Процедить смесь через марлю и охладить.

Применение: смазывать пораженные места кожи.

4. Для приема внутрь применять настой сухих плодов софоры японской, размельченных в мясорубке. 1 ст. л. массы залить стаканом кипятка, настоять ночь. Пить настой теплым по 2 ст. л. на 0,5 л кипятка.

5. *Требуется:* 50 г ромашки аптечной, 50 г валерианы, 30 г мяты, 30 г тмина, 30 г петрушки, 200 мл кипятка, 2 ч. л. настоя индийского лука.

Приготовление: 20 г сбора залить 200 мл кипятка, добавить настой индийского лука, настаивать и процедить.

Применение: смазывать пораженные места 2 раза в день.

6. *Требуется:* 50 г репешка, 15 г вахты трехлистной, 15 г донника, 15 г дымянки, 15 г барбариса, 0,5 л воды, 2 ст. л. настоя индийского лука.

Приготовление: 3 ст. л. сбора залить 0,5 л воды, кипятить 5 минут. Добавить настой индийского лука, отстоять.

Применение: смазывать 2 раза в день пораженные участки кожи.

ГЛАВА 3

Пиодермия

Пиодермия — группа заболеваний кожи, основным симптомом которых служит нагноение. Возбудители пиодермии — стафилококки и стрептококки. В развитии заболевания важную роль играют различные хронические заболевания (сахарный диабет, болезни крови, отклонения в витаминном обмене, желудочно-кишечные расстройства, ожирение, заболевания печени, невропатия и др.), внешние воздействия (микротравмы, потертости, охлаждение, перегревание, загрязнение кожи и др.), а также длительное лечение кортикостероидами и цитостатиками. Различают стафилодермии и стрептодермии, в свою очередь подразделяющиеся на поверхностные и глубокие.

К стафилодермиям относят: остиофолликулит, фолликулит, сикоз, фурункул, карбункул и гидраденит.

Остиофолликулит — расположенный в устье волосяного фолликула небольшой гнойничок, из центра которого выходит волос; по периферии он окаймлен узким ободком покраснения. При распространении гноя в глубь фолликула остиофолликулит переходит в фолликулит, который клинически отличается от первого наличием уплотнения в виде воспалительного узелка, расположенного вокруг волоса. Остиофолликулиты и фолликулиты бывают единичными и множественными. Они располагаются на любом участке кожного покрова, где имеются длинные или хорошо развитые пушковые волосы. После того как воспаление проходит, образуется гнойная корочка, при отпадении которой обнаруживается синюшно-розовое пятно, со временем исчезающее.

Стафилококковый сикоз — множественные, кучно расположенные на синюшно-красной и уплотненной коже обычно подбородка и верхней губы остиофолликулиты и фолликулиты, склонные к длительному, порой многолетнему, рецидивирующему течению. Заболевание нередко формируется после недостаточно качественного бритья.

Фурункул — гнойно-некротическое воспаление волосяного фолликула и окружающих его тканей; клинически представляет собой островоспалительный узел с гнойником на верхушке. При вскрытии обнажается некротический стержень, затем стержень отторгается, и образуется язва, заживающая рубцом. Субъективно беспокоит боль. Фурункулы могут быть одиночными и множественными, течение их — острым и хроническим.

Карбункул — плотный глубокий инфильтрат багрово-красного цвета с резко выраженным отеком вокруг, возникающий в результате некротически-гнойного воспаления кожи и подкожной жировой клетчатки. Через образующиеся отверстия выделяется густой гной, смешанный с кровью. После отторжения некротических масс образуется глубокая язва, заживающая грубым рубцом. Субъективно беспокоят мучительные боли. Общее состояние, как правило, нарушено. Карбункулы возникают у ослабленных и истощенных людей на затылке, спине и пояснице. Крайне опасны карбункулы лица.

Гидраденит — гнойное воспаление потовых желез. В коже (обычно подмышечных впадин) формируется острый воспалительный узел, при вскрытии которого выделяется гной. Впоследствии процесс подвергается рубцеванию. Отмечается болезненность пораженного места. Возможны общие нарушения, особенно при множественных гидраденитах, образующих массивные конгломераты. Гидраденит чаще встречается у полных женщин, страдающих потливостью.

Для стрептодермии характерно образование фликтены — полости в эпидермисе с тонкой и дряблой кожей сверху, заполненной гнойным содержимым, расположенной на гладкой коже и не связанной с сально-волосяным фолликулом. Различают стрептококковое импетиго, буллезное импетиго и вульгарную эктиму.

Стрептококковое импетиго — заразное заболевание, поражающее детей и молодых женщин. Характеризуется появлением фликтен, окаймленных ободком покраснения. Затем образуются корочки, которые отпадают и оставляют розовые пятна, вскоре исчезающие. На коже отмечаются умеренный зуд или легкое жжение. Общее состояние обычно не нарушается. Процесс располагается на любом участке кожи, чаще на лице, в частности в углах рта в виде трещин.

Эктима — единственная глубокая форма стрептодермий; развивается чаще у взрослых людей на голенях, ягодицах, бедрах и туловище. Возникает крупная глубоко расположенная фликтена с гнойным или гнойно-геморрагическим содержимым, подсыхающим в толстую корку, под которой обнаруживается язва. Заживает поверхностным, реже втянутым рубцом. У ослабленных больных эктимы приобретают затяжное течение.

При гнойных заболеваниях кожи индийский лук незаменим, он снимет воспаление, уничтожит всех бактерий.

1. *Требуется:* 50 г листьев крапивы двудомной, 1 л воды, 4 ст. л. настоя индийского лука.

Приготовление: крапиву залить водой, процедить. Смешать с настоем индийского лука.

Применение: протирать пораженные участки кожи.

2. *Требуется:* 30 г почек березы, 1 л 70%-ного спирта, 4 ст. л. настоя индийского лука.

Приготовление: сырье залить спиртом, настаивать 7 дней. Смешать с настоем индийского лука.

Применение: протирать пораженные участки кожи.

3. *Требуется:* 4 ст. л. череды, 1 л кипятка, 4 ст. л. настоя индийского лука.

Приготовление: траву залить в термосе кипятком на 10 часов, затем кипятить 10 минут и процедить. Смешать с настоем индийского лука.

Применение: протирать пораженные участки кожи.

4. *Требуется:* 3 г сельдерея, 1 л воды, 4 ст. л. настоя индийского лука.

Приготовление: сельдерей залить водой, настаивать 8 часов и процедить. Смешать с настоем индийского лука.

Применение: протирать пораженные участки кожи.

5. *Требуется:* 5 г чистотела, 1 стакан кипятка, 4 ст. л. настоя индийского лука.

Приготовление: сырье залить кипятком, нагреть на водяной бане 15 минут, охладить 45 минут, процедить, отжать и долить воды до 200 мл. Смешать с настоем индийского лука.

Применение: протирать пораженные участки кожи.

6. *Требуется:* 15 г корня солодки голой, 15 г коры крушины, 15 г фиалки трехцветной, 1 стакан воды, 4 ст. л. настоя индийского лука.

Приготовление: 1 ст. л. сырья кипятить 30 минут в стакане воды, настаивать 1 час и процедить. Смешать с настоем индийского лука.

Применение: протирать пораженные участки кожи.

7. *Требуется:* 20 г фиалки трехцветной, 20 г лопуха большого, 15 г листьев земляники, 15 г тысячелистника, 10 г яснотки белой, 10 г череды, 10 г листьев смородины черной, 5 г листьев ореха грецкого, 1 л воды, 4 ст. л. настоя индийского лука.

Приготовление: 20 г сырья залить 1 л воды, кипятить на слабом огне 10 минут, настаивать, охладить и процедить. Смешать с настоем индийского лука.

Применение: протирать пораженные участки кожи.

8. *Требуется:* 10 г подмаренника, 100 г масла коровьего, 2 ч. л. настоя индийского лука.

Приготовление: растереть цветки подмаренника, залить растопленным коровьим маслом. Довести до кипения, настоять, процедить. Добавить настой индийского лука, тщательно перемешать.

Применение: прикладывать мазь к фурункулам.

9. *Требуется:* по 50 г канифоли, белого пчелиного воска и нутряного свиного сала, 2 ч. л. настоя индийского лука.

Приготовление: на водяной бане растопить пчелиный воск, всыпать порошок канифоли, тщательно помешивая. Добавить в полученную смесь свиное сало и настойку индийского лука. При полном расплавлении всех ингредиентов снять кастрюлю с огня. Помешивать до загустения и получения пластичной массы.

Применение: на пораженное место накладывать марлю, смазанную смесью.

10. Хорошо вытянет стержень и безболезненно очистит ранку у зреющего фурункула или карбункула следующая смесь.

Требуется: 1 ч. л. настоя индийского лука, 1 ч. л. меда, 2 ст. л. свиного нутряного жира, 1 ст. л. обыкновенного хозяйственного мыла.

Приготовление: все хорошенько растереть (мыло нужно размягчить в воде до консистенции сливочного масла).

Применение: нанести смесь на льняную тряпочку и приложить к фурункулу или карбункулу. В дырочку от стержня нужно осторожно протолкнуть пинцетом кристаллик марганцовокислого калия для того, чтобы предотвратить рецидивы на других участках.

Раны

Раны представляют собой механическое повреждение ткани с нарушением их целостности. Различают раны размозженные, ушибленные, рваные, резаные, рубленые, колотые, огнестрельные, укушенные. Раны проявляются наличием дефекта кожи, болью, кровотечением. Чем острее ранящий предмет и быстрее действует ранящая сила, тем меньше боль. Выраженность боли зависит от иннервации пораженной области (максимальная болезненность на лице, промежности, половых органах). Если не присоединяется воспаление, через 2—3 дня боль полностью проходит. Чем острее ранящий инструмент, тем сильнее кровоточит рана, при размозженных ранах кровотечение обычно незначительное. Не всегда при ранении кровотечение бывает наружным, могут формироваться распространенные внутренние гематомы. Для заживления большое значение имеет состояние краев раны. Заживление ран возможно первичным и вторичным натяжением.

Для быстрейшего заживления без нагноения поможет индийский лук, особенно в сочетании с другими полезными травами. Можно натереть небольшую ранку настоем индийского лука. Некоторое время будет сильно щипать, а потом рана затянется прямо на глазах. При более серьезных порезах лучше употребить комбинированные средства.

Края ранки можно обработать мятым листом индийского лука, слегка стянуть края и наложить повязку с тертой редькой. Редька обладает сильным антисептическим свойством и способствует заживлению гнойных ран и язв, а индийский лист обезболит и предотвратит травматическое воспаление. Такое средство особенно показано, если нет возможности хорошо промыть и обработать рану.

Если рана долго не заживает, обработайте ее следующим составом.

Требуется: 10 г календулы, 1 стакан кипятка, 1 ч. л. настоя индийского лука.

Приготовление: календулу заварить кипятком, добавить 1 ч. л. настоя индийского лука.

Применение: рану промывать несколько раз в день, не накладывая повязку.

От длительно незаживающих ран и швов поможет следующий состав.

Требуется: 1 ст. л. меда, 1 ст. л. рыбьего жира, 1 ч. л. настоя индийского лука.

Приготовление: все перемешать.

Применение: сделать мазевую повязку и наложить на рану. Она заживет полностью через 4—5 дней.

1. *Требуется:* 30 г коры вербы, 30 г коры дуба, 30 г лапчатки прямостоящей, 0,5 л воды, 4 ст. л. настоя индийского лука.

Приготовление: 2 ст. л. сырья настаивать 20 минут в 0,5 л холодной воды и процедить. Смешать с настоем индийского лука.

Применение: протирать пораженные участки кожи, применять для компрессов и ванн при трудно заживающих ранах.

2. *Требуется:* 30 г горчицы, 30 г ромашки, 15 г розмарина, 0,5 л воды, 4 ст. л. настоя индийского лука.

Приготовление: 2 ст. л. тщательно измельченного сырья настаивать 20 минут в 0,5 л холодной воды и процедить. Смешать с настоем индийского лука.

Применение: использовать для компрессов и местных ванн, улучшающих снабжение конечностей кровью.

3. *Требуется:* 40 г зверобоя, 40 г хвоща, 40 г ромашки, 0,5 л кипятка, 4 ст. л. настоя индийского лука.

Приготовление: 2 ст. л. сырья кипятить 15 минут в 0,5 л кипятка и процедить. Смешать с настоем индийского лука.

Применение: в теплом виде для компрессов при трудно заживающих ранах и абсцессах.

4. *Примочка с хвощом.* Отвар хвоща превосходно действует на плохо залечивающиеся раны; в таких случаях на рану накладывают смоченную в отваре тряпочку. Хвоща и

индийского лука брать примерно в равных объемах. Настой из листьев индийского лука и хвоща употребляют для примочек на раны: по 2 ст. л. настоя индийского лука и хвоща на 0,5 л воды, парить целую ночь.

5. *Требуется:* 15 г листьев ореха грецкого, 100 г масла подсолнечного, 15 г воска желтого, 3 ч. л. настоя индийского лука.

Приготовление: измельченные листья ореха настаивать в масле 7 дней, кипятить на водяной бане 3 часа, тщательно процедить, вновь отварить 30 минут, добавить настой индийского лука, воск, охладить и перемешать.

Применение: использовать для заживления ран.

6. На раны накладывать кусок марли, смоченной в соке индийского лука и водном настое полыни.

7. На раны прикладывают растертые листья индийского лука и руты, смешанные с миндальным маслом. **При использовании листьев индийского лука необходимо помнить**, *что их можно накладывать только на непродолжительное время, поскольку при длительном соприкосновении с кожей могут наблюдаться аллергические реакции или сильное раздражение.*

8. На кровоточащие раны следует прикладывать салфетки, смоченные в отваре цветов календулы, смешанных поровну с листьями полыни и свежим соком или настойкой индийского лука. Раны заживают без нагноения.

9. Для промывания гноящихся ран и для компрессов на гноящиеся и незаживающие раны применять отвар из корней таволги в смеси с корнями раковых шеек (по 20 г на 2 л воды). Кипятить 3 минуты, добавить настой индийского лука — 4 ст. л. и промывать раны.

10. При плохо заживающих язвах, ранах, нарывах к больным местам прикладывают салфетки, пропитанные

растительным маслом, в котором не меньше 3 недель настаивались цветы зверобоя (2 части цветов на 4 части масла). В масло добавить настой индийского лука — 4 ст. л. Этим же маслом смазывать и раны, полученные от укуса здоровой собаки.

Угри обыкновенные

Угри обыкновенные, или юношеские, угревая сыпь — заболевание кожи, которое возникает преимущественно в пубертатном периоде (периоде полового созревания) и характеризуется гнойно-воспалительным поражением сальных желез.

Прыщи и угри — бич всех подростков. Обычно с возрастом все проявления угревой сыпи бесследно проходят сами собой, но при жирной коже сыпь может доставлять неудобства и в более зрелом возрасте. Также к появлению угрей предрасположены люди монголоидной расы: у них в норме более жирная кожа, чем у европейцев.

Причина угревой сыпи до сих пор окончательно не установлена. Развитие заболевания обусловлено себореей, осложнением которой они являются. Основную роль играет свойственное себорее снижение защитных свойств кожного сала, приводящее к активизации живущей на коже кокковой флоры.

Клиническая картина характеризуется изменчивостью появляющихся угревых элементов, располагающихся на лице, груди или спине. В основании сальных пробок возникают воспалительные узелки, превращающиеся затем в гнойнички разной величины и глубины.

В некоторых случаях нагноение начинается с глубоких слоев кожи и приводит к образованию мягких полушаровидных узлов синюшно-красного цвета. Содержимое гнойничков засыхает в корки, по отпадении которых остаются синюшно-розовые пятна или рубцы. Глубокие угри болезненны. Течение угревой сыпи обычно непрерывное, многолетнее.

Индийский лук способен помочь при любых проблемах с кожей, причем он дает как терапевтический, так и косметический эффект. Его сок — сильное противовоспалительное средство. Он оттягивает гной, нейтрализует инфекцию, снимает болевые ощущения. Он оказывает выраженное косметическое действие, что используется для выведения возрастных прыщей у подростков. Проблема эта легко устранима. Вот несколько рецептов, идеально подходящих для подростков с воспаленной проблемной кожей. Индийский лук входит во все эти рецепты в качестве одного из основных компонентов как сильное противовоспалительное средство и средство, нормализующее обменные процессы в коже. <u>Если необходимо только сделать кожу менее жирной и удалить угри, а воспаления как такового нет, пользуйтесь теми же рецептами, но дозу индийского лука и его препаратов в этих рецептах уменьшите вдвое.</u>

1. *Требуется:* 10 г цветков конского каштана, 20 г травы тысячелистника, 20 г травы зверобоя, 10 г корней лопуха, 10 г травы шалфея, 10 г луковицы индийского лука, 1 л воды.

Приготовление: травы заварить кипятком и греть на водяной бане 20—25 минут. Отвар процедить.

Применение: горячий отвар вылить в стандартную ванну. Ванну принимать 15—20 минут, затем протереть кожу ромашковым чаем.

2. *Требуется:* 20 г листьев березы, 1 стакан воды, 1 лист индийского лука.

Приготовление: листья прокипятить в небольшом количестве воды и настаивать 1,5 часа. Затем добавить измельченный лист индийского лука, долить немного кипятка и настаивать еще 30 минут.

Применение: листья положить на распаренное лицо на 15—20 минут. Воду можно использовать для ополаскивания волос, чтобы они стали пышнее и мягче.

3. *Требуется:* 2 ч. л. сушеной травы тысячелистника, 150 мл воды, 2 ст. л. спиртовой настойки индийского лука.

Приготовление: траву заварить кипятком, настаивать 20 минут, процедить. В настой влить спиртовую настойку индийского лука либо выжать сок 1 листа длиной не более 20 см.

Применение: составом протирать воспаленную кожу. Для каждодневного умывания состав подходит в случае, если кожа лица покрыта прыщами, краснеет и воспаляется. Мужчинам, бреющимся ежедневно, следует применять с осторожностью.

4. *Требуется:* 20 г пивных дрожжей, 0,3 стакана молока, 1 лист индийского лука, 0,5 стакана ромашкового чая.

Приготовление: дрожжи развести теплым молоком до консистенции густой сметаны.

Применение: накладывать на лицо на 5—10 минут. Снять маску листом индийского лука и умыться ромашковым чаем. Кожа станет матовой и гладкой, перестанут появляться новые угри. Летом такую маску лучше всего делать 2 раза в неделю.

5. *Требуется:* 1 ст. л. сока клубники, 1 ст. л. сока индийского лука, 1 ч. л. глицерина.

Приготовление: смешать сок клубники с соком индийского лука, добавить глицерин.

Применение: втирать в кожу 2 раза в день.

6. *Требуется:* 0,5 стакана ромашкового чая, 1 ч. л. настойки индийского лука.

Приготовление: в ромашковый чай влить настойку индийского лука.

Применение: жидкостью смочить тампон и протирать несколько раз в день (как можно чаще) пораженный участок. Индийский лук снимает воспаление и обеззараживает кожу, ромашка дезинфицирует и успокаивает раздражение. Индийский лук в сочетании с ромашкой практически не вызывает ощущения жжения. Состав подходит для ежедневного ухода за проблемной кожей, особенно рекомендуется для подростков.

Укусы животных

Каждого из нас хотя бы однажды кусали любимая собака, кошка или вездесущие крысы и мыши. Даже если животное здорово, небольшие повреждения кожи, например от кошачьих когтей, могут вызвать неприятные последствия: воспаления, долго незаживающие раны, легкие нагноения. Чтобы избежать подобных последствий, необходимо обязательно использовать антисептические средства. Антисептики предотвратят развитие нежелательных последствий укусов и остановят уже развившееся воспаление.

Индийский лук мгновенно снимет болезненную отечность, возникающую вокруг ранок и царапин, продезинфицирует, заживит.

Приведу несколько рецептов, помогающих снять воспаление и заживить ранки от укусов животных.

1. Свежую траву зверобоя растереть со свежим листом индийского лука и прикладывать на 3—5 минут.

2. Эмульсия, приготовленная из сока листьев алоэ, выдержанных в темноте при температуре +6—8°С в течение 1—2 суток, надежно обеззараживает рану. Края раны вместо йода лучше смазать растертым листом индийского лука.

Укусы насекомых

Одной из самых больших неприятностей лета может стать укус осы, пчелы или слепня, да и укус комара отнюдь не приятен. Относительно крупные жалящие насекомые заносят в ранку токсины, способные вызвать у человека и животных сильную боль, нагноение и анафилактический шок у подверженных аллергии людей, особенно детей.

Индийский лук предотвращает последствия укусов насекомых, поскольку под его влиянием токсины активнее эвакуируются из места укуса.

1. Достаточно смазать место укуса растертым листом индийского лука.

2. При укусе пчелы или осы смазать место укуса свежим соком чеснока, смешав его с соком индийского лука (1 : 1). Кашицу из сырого чеснока и листа индийского лука накладывать, захватывая здоровые ткани.

3. Смесь сока, отвара или настоя петрушки с настойкой индийского лука применять в зависимости от того, что в данный момент более доступно. Пораженное место обработать жидкостью и дать подсохнуть.

4. Мяту и индийский лук (0,5 листа) растереть с солью и накладывать в виде повязки на укус. Для улучшения состояния можно принять внутрь настой листьев мяты в белом вине.

Ушибы

Ушибом называется повреждение тканей, не сопровождающееся нарушением целостности кожи. Наименее устойчива подкожная клетчатка. При ушибах почти всегда повреждаются мелкие, а иногда и крупные сосуды, что вызывает кровоизлияние, синяк или шишку.

Основными симптомами ушибов служат боль, припухлость, местное повышение температуры тела, более или менее выраженное кровоизлияние и нарушение функции пострадавшей области тела. При разрывах мелких сосудов на месте ушиба образуются кровоподтеки, а при повреждении крупных сосудов могут образовываться гематомы. При действии сильного повреждающего фактора на месте ушиба начинается воспаление, которое быстро проходит, поскольку инфекция не может проникнуть через неповрежденную кожу.

Казалось бы, ушиб даже заболеванием не считается. Обычно мы не замечаем мелких синяков, появляющихся порой почти незаметно. Мало кто обращает на это серьезное внимание. Как правило, происшествие действительно не стоит беспокойства. К ушибу даже редко прикладывают лед, только если синяк может образоваться на лице. А между тем гематома (в обиходе — синяк) больших размеров способна вызвать воспаление и даже нагноиться. Риск подобного исхода повышается у пожилых людей и людей с ослабленным иммунитетом, поэтому не стоит пренебрегать мерами предосторожности. В первые сутки рекомендуется прикладывать к месту ушиба холод, чтобы искусственно сузить сосуды и остановить кровотечение в подкожную клетчатку, но на вторые сутки прикладывать холод уже не стоит, поскольку со временем вызывается рефлекторное расширение сосудов. В первые сутки ткани сосудов заживают, кровоизлияние останавливается. Но накопившаяся в подкожной клетчатке кровь рассасывается не скоро.

С последствиями ушибов поможет справиться индийский лук. В первый день, пока кровотечение в клетчатку окончательно не остановилось, препараты индийского лука прикладывать не стоит. Его сок активизирует питание тканей, гематома может при этом даже нарастать.

Начиная со вторых суток поможет спиртовая настойка индийского лука, которую следует держать на ушибе 5—10 минут.

Можно приготовить специальную, не сильно жгучую мазь; она особенно пригодится всем, у кого есть маленькие дети, которые не могут усидеть на месте, ведь у них вечно разбитые коленки, синяки и ссадины. Мазь можно приготовить следующим образом. Спиртовую настойку индийского лука, розовое масло, масло эвкалипта и вазелин смешать в пропорциях 2:1:1:15 и растереть, подогревая до температуры не выше +50°С. Мазь хранить в холодильнике, применять только на второй день после появления синяка.

На ушибы и опухоли полезно наложить салфетки, смоченные настойкой индийского лука и водным настоем полыни.

На места ушибов с кровоподтеками прикладывают растертые листья индийского лука и руты, смешанные с миндальным маслом.

К больным местам прикладывают салфетки, смоченные в растительном масле, в котором не меньше 3 недель настаивались цветы зверобоя. В масло нужно добавить настойку индийского лука.

Траву вьюнка с цветами или цветы употребляют как заживляющее, противовоспалительное средство. В выжатом из цветов и травы соке смачивают салфетки и прикладывают на раны. Для этой же цели готовят и спиртовую настойку, 1 ст. л. которой разводится в половине стакана кипяченой воды и используется для компресса и примочек к ранам.

Фурункулы

Фурункул — это гнойное воспаление волосяного мешочка и окружающей его подкожной клетчатки. Обычно фурункулы называют гнойниками, нарывами.

Наиболее часто фурункулы возникают при попадании в волосяной мешочек стафилококка. Образованию фурункула способствуют предрасполагающие факторы: недостаточная гигиена (загрязнение кожи, особенно химическими веществами — краской, смазочными маслами, грубыми пылевыми частицами — углем, цементом), тесная натирающая одежда, незамеченные небольшие повреждения кожи, особенно при бритье, повышенная потливость, сахарный диабет. Особое значение в возникновении фурункулов имеет нарушение иммунитета. Преимущественное расположение фурункулов: лицо, затылок, паховые области, ягодицы, руки.

На месте поражения вначале возникают боль, покраснение и отек в области волосяного мешочка. Затем происходит формирование зоны некроза и его гнойное расплавление, то есть образование так называемого некротического стержня. После отхождения стержня наступает быстрое выздоровление. Фурункулы могут появляться снова и снова, что приводит к развитию фурункулеза — болезни, доставляющей много неприятностей.

Лечение фурункула направлено на то, чтобы он вскрылся как можно быстрее. Образовавшуюся затем ранку необходимо продезинфицировать до благополучного заживления. Индийский лук может стать незаменимым средством в лечении фурункулов, поскольку способствует оттягиванию гноя, причем в кратчайшие сроки: редкое лекарство дает эффект так же быстро.

После прикладывания к больному месту листа индийского лука или соответствующего препарата индийского лука гнойник вскрывается в течение 10 минут. После вскрытия необходимо протереть фурункул тампоном, смоченным в спиртовом лосьоне или водке, и наложить повязку с синтомициновой эмульсией.

В лечении фурункулов, однако, существует тонкость, о которой не стоит забывать. Заболевание начинается мало беспокоящим покраснением пораженного участка либо появлением небольшого прыща с белой головкой. На этой стадии заболевания нагноения и развития настоящего фурункула можно избежать, поэтому следует применить щадящие средства, направленные на дезинфекцию этого участка. Помимо дезинфицирующих и бактерицидных мазей и бальзамов, можно применить фитотерапевтические средства.

Примочка с тысячелистником

Требуется: 2 ч. л. сушеной травы тысячелистника, 150 мл кипятка, 2 ст. л. настоя индийского лука.

Приготовление: 2 ч. л. сушеной травы тысячелистника

заварить 150 мл кипятка, настаивать 20 минут, процедить, влить настой индийского лука.

Применение: составом протирать воспаленную кожу. Для каждодневного умывания состав подходит в случае, если кожа лица покрыта прыщами, краснеет и воспаляется. Мужчинам, бреющимся ежедневно, следует применять с осторожностью.

Если инфекция все же распространилась и фурункул оформился в виде сравнительно большого гнойника с выраженной головкой и инфильтратом (уплотнением кожи) по периферии, показано радикальное лечение. Для этого подойдут примочки с концентрированными дозами индийского лука. Чтобы усилить эффект, можно сочетать его применение с другими средствами.

Ромашковая примочка

Требуется: 100 г ромашкового чая, 1 ч. л. настоя индийского лука.

Приготовление: в 100 мл заваренного ромашкового чая (сбор можно купить в аптеке) влить настой индийского лука.

Применение: жидкостью смочить тампон и протирать несколько раз в день (как можно чаще) пораженный участок. Индийский лук снимает воспаление и обеззараживает кожу, ромашка дезинфицирует и успокаивает раздражение. Индийский лук в сочетании с ромашкой практически не вызывает ощущения жжения. Состав подходит для ежедневного ухода за проблемной кожей, особенно подросткам.

Примочка на соляной основе

Требуется: 1 лист индийского лука, 7 ст. л. воды, 1 ч. л. крупной соли.

Приготовление: 1 лист индийского лука мелко нарезать и выложить получившуюся кашицу на плотный тампон (10 слоев марли либо специальный тампон из целлюлозы). В 7 ст. л. воды растворить 1 ч. л. крупной соли, помешивая раствор, находящийся на огне.

Применение: вылить на тампон горячим, приложить к нарыву и прибинтовать. Сильное жжение возможно в течение 10 минут.

1. Повязки из листьев крапивы и индийского лука с уксусом способствуют быстрому созреванию и вскрытию нарыва.

2. 0,5 запеченной луковицы прикладывают к нарывам и чирьям для ускорения их созревания. После процедуры смазывают кожу соком индийского лука.

3. *Требуется:* 50 г корня мыльнянки, 1 л воды, 2 ст. л. настоя индийского лука.
Приготовление: корни кипятить 10—15 минут в воде. Добавить настой индийского лука.
Применение: использовать для компрессов.

4. Растение глухой крапивы наряду с трехцветной фиалкой, чередой и листьями земляники употребляют в виде отвара с настойкой индийского лука (2 ч. л.) при фурункулезе. Для отвара взять 1 ст. л. цветов или измельченного всего растения на 1 стакан кипятка.

ЗАБОЛЕВАНИЯ И ПОВРЕЖДЕНИЯ ОПОРНО-ДВИГАТЕЛЬНОГО АППАРАТА

Артриты

Артриты — это большая группа заболеваний суставов, чаще возникающих при инфекционных поражениях. Термин «артрит» означает воспаление суставов. Полиартритом называется воспаление нескольких суставов. Известны 4 группы артритов в зависимости от причины поражения сустава: инфекционные, дистрофические, травматические и редкие формы, сопровождающие другие заболевания, преимущественно кожные.

«Реактивные артриты» — термин, принятый для обозначения артритов, развивающихся после инфекций, но без инфицирования полости сустава. Чаще реактивные артриты возникают из-за иммунных нарушений. Реактивные артриты могут развиваться после многих инфекций (бактериальных, вирусных и др.) независимо от их тяжести, но чаще после энтероколитов, вызванных иерсиниями, и инфекций мочевых путей, обусловленных хламидиями. Число пораженных суставов обычно невелико, поражение суставов несимметрично. Преимущественно воспаляются суставы нижних конечностей, особенно пальцев стоп. Помимо артритов, характерно развитие воспаления сухожилий в местах их прикрепления к костям, особенно часто на пяточной области. Иногда возможны боли в области позвоночника. Чаще всего реактивный артрит длится недолго (от нескольких дней до нескольких недель), проходит самостоятельно, но у некоторых больных может продолжаться больший срок и даже стать хроническим.

Основной признак инфекционного артрита — это поражение суставов на фоне общей интоксикации организма. Различают острую, подострую и хроническую формы, отличающиеся длительностью течения и некоторой симптоматичностью. При острой форме человек чувствует себя плохо, состояние больного в это время похоже на обычное острое инфекционное заболевание, например грипп или ОРЗ. Поднимается температура тела, наблюдаются слабость, отсутствие аппетита. Заболевание начинается с воспаления одного или нескольких суставов. Чаще всего поражаются суставы кисти, стопы, коленные и локтевые. Могут быть поражены суставы позвоночника, тазобедренные суставы. Боль в пораженных суставах отмечается при полном покое, усиливается при попытке движения. Кожа над суставом краснеет. В области сустава появляется выраженная припухлость, изменяется его форма. Подострая форма артрита обычно наступает после неудачного лечения острой формы, но может развиться с самого начала заболевания. Симптомы выражены не столь сильно, температура тела нормальная или субфебрильная (до +37,5°C). После вновь перенесенной инфекции может наступить рецидив в ранее пораженных суставах, могут вовлекаться новые суставы.

Хроническая форма — это длительно текущая форма инфекционных артритов. У пожилых людей артрит может с самого начала развиваться как хронический. Основным симптомом хронической формы артрита являются выраженные изменения в суставах, которые носят постоянный характер. Суставы теряют подвижность, наблюдаются подвывихи и вывихи. Атрофируются мышцы, подходящие к суставу, отмечается анемичность.

Определенной схемы лечения артритов не существует, но выделяют несколько основных направлений. Это обнаружение очага инфекции и быстрое устранение патологического очага, укрепление иммунной системы, воздействие на местный процесс в суставе, функциональная терапия.

Дистрофический артрит вызывается нарушением обмена веществ. Это может быть наследственная патология либо следствие нездорового образа жизни (избыточное питание, малоподвижный образ жизни, алкоголизм). Изменения в ткани суставов наступают на фоне нормального общего состояния организма: температура тела и показатели крови остаются в норме.

Травматический артрит — это воспаление сустава, вызванное механическим повреждением (вывихом, разрывом связок и т. п.). В травмированном суставе появляется ощущение скованности, неловкости при движении и в покое, боли. Затрагиваются мышцы и периферические нервы. В суставах слышен хруст при движении.

Препараты индийского лука хорошо зарекомендовали

себя в качестве средств местного воздействия при артритах, поскольку снимают боль и оказывают общее терапевтическое воздействие на область суставов.

Наиболее эффективна в данном случае спиртовая настойка. Можно использовать и следующие рецепты.

Настойка на водке

Требуется: 1 лист индийского лука, 100 мл водки.

Приготовление: лист индийского лука измельчить на деревянной доске, уложить в стеклянную или фаянсовую тару плотно, слегка утрамбовать, залить водкой. Настаивать 10—15 дней в темном месте. Процедить, хранить в холодильнике.

Применение: натирать больное место по мере надобности, но желательно не более 3 раз в день. Прогревающий болеутоляющий эффект наступает спустя максимум 10 минут.

Настойка на эвкалиптовом масле

Требуется: 15 г эфирного эвкалиптового масла, 100 мл медицинского 80%-ного спирта, 1 лист индийского лука.

Приготовление: смешать масло со спиртом и плотно закупорить. Лист длиной не более 15 см размять в кашицу, залить смесью спирта и масла, закупорить, взболтать и настаивать в теплом темном месте 7 дней, ежедневно взбалтывая.

Применение: получившейся смесью, не удаляя листьев, обильно смазать больное место и закутать его шерстяной тканью.

Травяной сбор

Требуется: 15 г мяты перечной, 15 г цветов тысячелистника, 30 г зверобоя, 15 г семян укропа, 15 г листа индийского лука, 0,5 л кипятка.

Приготовление: 2 ст. л. смеси залить кипятком, выдержать на водяной бане 2 часа, процедить.

Применение: использовать в компрессах.

Данные рецепты следует использовать с осторожностью людям с чувствительной кожей. Настойка может вызвать легкие ожоги. Перед применением лучше сделать пробу и по необходимости разбавить настойку вдвое водкой или разбавленным спиртом.

Лечение дистрофических артритов заключается прежде всего в устранении причины заболевания, а именно в снижении веса тела, нормализации обменных процессов. Обезболивание и прогревание следует сочетать с массажем.

При дистрофическом артрите показаны компрессы с настойкой индийского лука и лечение свежим соком.

Травматический артрит лечится с помощью индийского лука довольно легко. Достаточно нескольких прогревающих процедур, чтобы болезнь отступила. Индийский лук незаменим в этом случае как средство, повышающее кровоснабжение и питание тканей сустава. Полезен любой рецепт настойки индийского лука, но лучше всего действует спиртовая настойка с чемерицей.

Спиртовая настойка с чемерицей

Требуется: 1 ч. л. корневищ чемерицы, 1 лист индийского лука, 100 мл 80%-ного спирта.

Приготовление: мелко нарезанные корневища смешать с измельченным листом индийского лука длиной не менее 20 см, залить спиртом.

Настаивать 2 недели, затем процедить. Настойку следует хранить в холодильнике.

Приведу еще несколько рецептов, эффективных при лечении артритов различного происхождения.

1. *Требуется:* 100 мл настоя мелиссы лекарственной, 5 мл сока индийского лука.

Приготовление: смешать настой мелиссы и сок индийского лука.

Применение: наружно в качестве компрессов.

2. *Требуется:* 100 мл настоя мелиссы лекарственной, 5 мл сока индийского лука, 100 мл настоя из плодов костяники.

Приготовление: смешать настой мелиссы, плодов костяники и сок индийского лука.

Применение: наружно в качестве компрессов.

3. При многих заболеваниях, в том числе и при болях в суставах, помогает ванна из свежей овсяной соломы (0,5—1 кг соломы и 0,5 листа индийского лука), припарки из соломенной овсяной сечки (30—40 г соломы, 10 г индийского лука на 1 л воды).

4. *Требуется:* 1 ст. л. истолченных косточек и плодоножек вишни, 1 стакан воды.

Приготовление: 1 ст. л. сырья прокипятить 15—20 минут в стакане воды.

Применение: если дозу сырья увеличить вдвое и добавить на 3 части сырья 2 части свежего листа индийского лука, получится жгучая, но очень действенная примочка.

5. *Требуется:* 100 г свиного сала, 1 лист индийского лука.

Приготовление: сало и индийский лук пропустить через мясорубку и тщательно перемешать.

Применение: на ночь смазывать мазью суставы, накладывая сверху пергаментную бумагу и обязательно укутав шерстяной тканью.

6. *Требуется:* 100 г свиного жира, 1 лист индийского лука и 1 ст. л. поваренной соли.

Приготовление: 100 г свиного жира, 1 лист индийского лука и 1 ст. л. поваренной соли смешать.

Применение: при нарушении подвижности суставов после травмы втирать мазь в область сустава, затем надеть согревающую повязку.

7. *Требуется:* порошок коры ивы или осины, сок 1 листа индийского лука.

Приготовление и применение: наружно применять напар порошка в пропорции 1 ч. л. на 1 стакан воды в сочетании с соком индийского лука.

8. *Требуется:* 100 мл настойки лопуха, 50 мл сока индийского лука.

Приготовление: смешать настойку лопуха и сок индийского лука.

Применение: использовать как настой для примочек.

9. Свежую траву полыни горькой в виде свежеприготовленного сока или сгущенного настоя используют в виде компрессов. Лучше всего брать молодую траву, а для повязок свежерастертую. Траву нужно положить на компресс, протерев перед процедурой больное место листом индийского лука.

10. Цветки сирени в виде настойки на водке полезно принимать наружно при болях в суставах, особенно в позвоночнике.

Требуется: 3 ст. л. цветков сирени, 0,5 л водки, 1 ст. л. листьев индийского лука.

Приготовление: 3 ст. л. цветков, настоянных 7—10 дней в водке.

Применение: ставить компрессы из настойки и натирать ею болезненные участки.

11. Только для наружного употребления можно приготовить настойку из нескольких трав.

Требуется: 1 часть индийского лука, 1 часть корней лопуха, 3 части цветков сирени, 0,5 л водки.

Приготовление: травы смешать, залить водкой и настаивать 10 дней.

Применение: использовать для растирания больных суставов.

12. *Требуется:* 1 стакан корневищ пырея ползучего, 1 л воды.

Приготовление: корневища настаивать 1—2 часа в 1 л кипяченой воды, добавить по вкусу мед.

Применение: пить по 0,5 стакана 3—5 раз в день. Можно делать примочки, разбавляя настой до половины настойкой индийского лука.

13. *Требуется:* 20 г бузины, 1 л воды.

Приготовление: ягоды залить водой, довести до кипения, варить 20—25 минут и оставить на 2—3 часа, затем процедить.

Применение: пить по 3 стакана в день. При этом рекомендуется лежать в постели и натирать больное место листом индийского лука.

14. Обычно на огороде в изобилии растет сныть обыкновенная. Ее употребление в лечебных целях очень полезно, из нее можно готовить чай.

Полезно совмещать лечение снытью с использованием травы фиалки трехцветной, заваривая ее как чай или принимая в виде настоя.

Требуется: 0,5 л кипятка, 2 ст. л. сныти.

Приготовление: 2 ст. л. травы настоять в 2 стаканах кипятка 12 часов.

Применение: выпить весь объем жидкости за день в 3—5 приемов.

Наружно сныть можно употреблять в случае, если болезнь уже начала отступать. Сныть не обладает выраженным лечебным эффектом при таком применении, но надежно закрепит результаты лечения. В сочетании с соком индийского лука настой сныти можно использовать при легких обострениях болей.

15. *Требуется:* 100 мл напара грыжника, 4 ст. л. настойки индийского лука.
Приготовление: приготовить напар из грыжника (30—50 г на 1 л кипятка), добавить настойку индийского лука.
Применение: смесью протирать пораженные места.

16. Спиртовой настой сушеных цветов каштана (40 г на 1 л спирта) в смеси со свежим соком индийского лука употребляют для натирания при артритических болях.

17. Для ванн при артрите делают отвар из корней лопуха и листьев индийского лука, травы вереска, крапивы, багульника, татарника, листьев брусничника — доза не ограничена.

18. *Требуется:* 30 г листьев березы, 30 г тысячелистника обыкновенного, 30 г дымянки лекарственной, 10 г плодов можжевельника, 1 стакан кипятка, 3 ст. л. сока индийского лука.
Приготовление: 1 ст. л. сбора залить кипятком, настаивать 15 минут и процедить. Добавить сок индийского лука.
Применение: смесью натереть болезненные участки.

19. *Требуется:* 15 г листьев индийского лука, 15 г фиалки трехцветной, 15 г листьев березы, 15 г крапивы двудомной, 15 г дрока красильного, 15 г листьев индийского лука, 1 стакан кипятка.
Приготовление: 1 ст. л. сбора залить кипятком, настаивать 1 час и процедить.
Применение: делать примочки на пораженные суставы.

20. *Требуется:* 10 г листьев индийского лука, 20 г корня лопуха большого, 10 г коры ивы, 10 г листьев толокнянки обыкновенной, 10 г цветков бузины черной, 1 стакан воды.

Приготовление: 1 ст. л. сбора залить стаканом воды, кипятить 15 минут, охладить и процедить.

Применение: использовать в качестве примочек.

21. *Требуется:* 30 г цветков липы, 20 г фиалки трехцветной, 10 г листьев брусники обыкновенной, 1 стакан кипятка, 3 ст. л. настойки индийского лука.

Приготовление: 1 ст. л. сбора залить кипятком, настаивать в течение 1 часа и процедить. Добавить настойку индийского лука.

Применение: прикладывать на пораженные суставы.

22. *Требуется:* 20 г цветков липы мелколистной, 10 г мелиссы, 10 г мать-и-мачехи, 10 г листьев смородины, 0,5 л кипятка, 4 ст. л. настойки индийского лука.

Приготовление: 2 ст. л. сбора залить 0,5 л кипятка, настаивать 30 минут и процедить. Добавить настойку индийского лука.

Применение: использовать для натирания больных мест.

23. *Требуется:* 15 г листьев индийского лука, 15 г горца птичьего, 15 г череды трехраздельной, 15 г лаванды, 15 г кипрея узколистного.

Приготовление: 1 ст. л. сбора залить кипятком, настаивать в течение 1 часа и процедить.

Применение: использовать для натирания больных участков тела.

24. *Требуется:* 20 г листьев индийского лука, 20 г плодов можжевельника, 20 г клевера лугового, 20 г сирени обыкновенной, 20 г татарника колючего, 1 стакан кипятка.

Приготовление: 1 ст. л. сбора залить кипятком, настаивать 3 часа и процедить.

Применение: натирать пораженные суставы.

25. *Требуется:* 10 г листьев индийского лука, 10 г цветков липы, 10 г ромашки аптечной, 10 г корня солодки голой, 10 г толокнянки обыкновенной, 1 стакан кипятка.

Приготовление: 1 ст. л. сбора залить кипятком, настаивать 2 часа и процедить.

Применение: использовать для натирания больных участков тела.

26. *Требуется:* 15 г листьев индийского лука, 15 г листьев березы, 15 г крапивы двудомной, 15 г цветков липы, 15 г цветков бузины черной, 1 стакан кипятка.

Приготовление: 1 ст. л. сбора залить кипятком, настаивать в течение 1 часа и процедить.

Применение: использовать наружно для натираний больных участков тела.

27. *Требуется:* 15 г листьев индийского лука, 30 г коры ивы, 15 г корневища аира болотного, 15 г брусники обыкновенной, 15 г шалфея лекарственного, 15 г зверобоя продырявленного, 1 стакан воды.

Приготовление: 1 ст. л. сбора залить стаканом воды, кипятить 10 минут, охладить и процедить.

Применение: натирать больные суставы.

28. *Требуется:* 20 г плодов можжевельника обыкновенного, 20 г хвоща полевого, 10 г плодов фенхеля, 10 г коры крушины, 10 г листьев крапивы двудомной, 1 стакан кипятка, 4 ст. л. настойки индийского лука.

Приготовление: 1 ст. л. сбора залить кипятком, настаивать 2 часа и процедить. Добавить настойку индийского лука.

Применение: использовать для натираний.

29. *Требуется:* 30 г почек сосны обыкновенной, 30 г зверобоя продырявленного, 20 г крапивы двудомной, 20 г почек березы, 20 г почек тополя черного, 10 г хвоща полевого, 4 ст. л. настойки индийского лука.

Приготовление: 1 ст. л. сбора залить кипятком, настаивать 3 часа и процедить. Добавить настойку индийского лука.

Применение: использовать наружно для смазываний больных мест.

30. *Требуется:* 10 г листьев индийского лука, 10 г ромашки аптечной, 10 г плодов можжевельника обыкновенного, 10 г корня лопуха большого, 10 г тысячелистника обыкновенного, 10 г репешка обыкновенного, 10 г корней одуванчика лекарственного, 0,5 л кипятка.

Приготовление: 2 ст. л. сбора залить 0,5 л воды, кипятить 15—20 минут, охладить и процедить.

Применение: натирать больные суставы 2 раза в сутки.

31. *Требуется:* 30 г листьев брусники обыкновенной, 30 г лабазника вязолистного, 20 г ромашки аптечной, 20 г цветков липы, 20 г крапивы двудомной, 10 г цветков бузины черной, 0,5 л воды, 4 ст. л. настойки индийского лука.

Приготовление: 10 г сбора залить 0,5 л холодной воды, настаивать 12 часов, нагревать до кипения, опять настаивать 2 часа и процедить. Добавить настойку индийского лука.

Применение: натирания больных участков тела.

32. *Требуется:* 50 г плодов смородины черной, 25 г коры ивы, 20 г пустырника, 15 г корня девясила высокого, 15 г шалфея лекарственного, 15 г хвоща полевого, 10 г цветков бузины черной, 10 г вереска обыкновенного, 10 г ежевики сизой, 10 г плодов боярышника, 1 стакан воды, 4 ст. л. настойки индийского лука.

Приготовление: 2 ст. л. сбора залить стаканом воды, нагреть на кипящей водяной бане 15 минут, охладить 45 минут, процедить и добавить настойку индийского лука.

Применение: полученной смесью натирать пораженные суставы.

33. *Требуется:* 50 г плодов боярышника, 50 г плодов шиповника майского, 15 г листьев березы, 15 г коры ивы, 15 г цветков календулы, 15 г цветков ромашки аптечной, 10 г крапивы двудомной, 10 г хвоща полевого, 10 г брусники обыкновенной, 1 стакан воды, 4 ст. л. настойки индийского лука.

Приготовление: 2 ст. л. сбора залить стаканом воды, нагреть на кипящей водяной бане 15 минут, охладить 45 минут, процедить и добавить настойку индийского лука.

Применение: натирать пораженные места 3 раза в день.

34. *Требуется:* 40 г хвоща полевого, 40 г листьев березы, 40 г коры ивы, 20 г крапивы двудомной, 20 г цветков бузины черной, 10 г плодов можжевельника обыкновенного, 10 г цветков календулы, 10 г крушины ломкой, 10 г василька синего, 0,5 л воды, 4 ст. л. настойки индийского лука.

Приготовление: 15 г сбора залить 0,5 л воды, кипятить 10 минут, охладить и процедить. Добавить настойку индийского лука.

Применение: использовать наружно для натираний.

Артроз

В отличие от артритов артроз представляет собой хроническое заболевание невоспалительной природы. Эта патология может возникнуть при различных заболеваниях, но чаще встречается у пожилых людей. При артрозе разрушается суставной хрящ, кости сустава начинают соприкасаться, возникают затруднения при движениях в пораженных суставах.

Артроз проявляется болями и постепенно возрастающим ограничением объема движений. Связанные вначале с движением и нагрузкой, боли по мере прогрессирования процесса становятся постоянными.

Артрозом чаще всего страдают пожилые люди, поэтому активная терапия не всегда показана. Для лечения артрозов используют симптоматические средства, принимают болеутоляющие препараты, применяют массаж, бальнеотерапию.

Боли при артрозах прекрасно снимают настойки индийского лука, они также способны остановить заболевание на ранних стадиях, когда хрящ сустава еще не разрушен. Препарат усиливает питание тканей, и патологический процесс прекращается.

При артрозе обрабатывать пораженные участки настойкой лучше всего на ночь, чтобы сразу после процедуры тепло укрыться и хорошо прогреться. Сон при использовании настоек становится глубоким. На следующий день становится заметен терапевтический результат. Имеются сведения, что люди, страдающие артрозом в ранней стадии, излечивались после однократного применения настойки. В более поздних стадиях болезни несколько сеансов (от 5 до 7) значительно улучшат общее состояние.

Вывих

Вывих — это смещение суставных поверхностей костей за пределы физиологической нормы. При этом всегда нарушается целостность суставной сумки. Неполное смещение суставных поверхностей называют подвывихом. Различают травматические, привычные, патологические вывихи.

Травматический вывих возникает при сильной механической травме сустава. Наблюдаются закрытые и более тяжелые по течению и прогнозу открытые вывихи, при которых имеется рана в области сустава. При вывихе характерны боль в суставе, невозможность активных и пассивных движений в нем и нарушение его конфигурации. Тяжелым осложнением вывиха может быть повреждение близлежащих кровеносных сосудов или нервов. Если вывих не вправлен в течение первых 2 часов после травмы, его называют застарелым. Лечение его (особенно вправление) может представлять трудную задачу. Открытый вывих может осложниться гнойным артритом. Если несколько раз вывихивать один и тот же сустав, может развиться так называемый привычный вывих. Он характеризуется тем, что при неловком движении в больном суставе при какой-либо физической нагрузке или травме происходит вывих сустава. В последующем возможно самостоятельное вправление. При этой патологии очень слабо развивается связочный аппарат вокруг сустава.

Отличительный признак вывиха — это ощущение щелчка в суставе и следующей за ним острой, пронизывающей боли при ударе (падении, неловком движении), вследствие которого происходит вывих. Вправлять вывих самостоятельно ни в коем случае нельзя! Это только навредит и может привести к болевому шоку. Суставу необходимо обеспечить покой, зафиксировав мягкой, но крепкой повязкой. Вправлять сустав нужно исключительно в медицинском учреждении при адекватном обезболивании.

После вправления вывиха в поврежденном суставе часто сохраняется длительная болезненность. В таких случаях обычно принимают внутрь анальгетические препараты, приносящие временный эффект. Значительно результативнее использовать местные средства: прикладывать холод, болеутоляющую мазь. Может помочь обертывание с индийским луком: лед мелко наколоть, смешать с измельченным листом индийского лука, выложить ровным слоем на полотенце или полотняный бинт и обернуть вокруг поврежденного сустава.

Чтобы пострадавший быстрее восстановился после вывиха, можно использовать компресс с рыбьим жиром: смешать в равных пропорциях с настойкой индийского лука и накладывать на сустав.

Для приема внутрь показаны блюда с желирующими веществами: заливная рыба, холодец, фруктовые желе, кисели. После вывиха в суставе повреждены хрящи. Желирующие вещества и компрессы с рыбьим жиром восполняют недостаток необходимых его составляющих.

ГЛАВА 3

Люмбаго

Люмбаго — это острая боль в области поясницы, возникающая вследствие перегрузки мышц позвоночника (при подъеме тяжестей, неловком движении). Предрасполагающие факторы для развития люмбаго — это общее переохлаждение организма или местное охлаждение поясничной области.

Люмбаго — не самостоятельное заболевание, а симптом радикулита и различных заболеваний позвоночника. Болезнь обычно начинается внезапной острой простреливающей болью в пояснице, реже с нерезкой боли, через несколько дней переходящей в острую. Больной не может разогнуться, мышцы спины напряжены, болезненны. Малейшее движение, физическое напряжение, чихание, кашель обостряют боли. Движения тела ограничены. Боль чаще всего локализуется с одной стороны. Сильная боль также возникает при давлении на поясничную область.

Болезнь может возникнуть у людей любого возраста. При первом приступе проходит быстро без лечения. Как правило, люмбаго продолжается от нескольких дней до 2—3 недель.

Для излечения от люмбаго рекомендуется постельный режим в течение нескольких дней. Целесообразна поза на спине с поднятыми согнутыми ногами на подушке или свернутых одеялах. В таком положении расслабляются протяженные мышцы позвоночника, исчезает боль. Постель при этом должна быть ровной и жесткой. При желании можно использовать лечебную гимнастику, но только после предварительной консультации у врача лечебной физкультуры.

В лечении люмбаго используется индийский лук, самостоятельно и в сочетании с некоторыми другими средствами.

Особенно хорошо помогают при люмбаго горячие ванны и едкие пластыри. Вот несколько рецептов.

Ванна с хреном

Требуется: 50—70 г тертого корня хрена, 0,5 листа индийского лука.

Приготовление: хрен и индийский лук погрузить в марле в ванну с температурой воды +36—37°С.

Применение: ванну принимать на ночь. Применяется также при радикулите, ревматизме, подагре, миозите. Курс лечения составляет 5—7 ванн.

Ванна с горчицей

Требуется: 250—400 г горчичного порошка, 5 ст. л. настоя индийского лука.

Приготовление: размешать в эмалированной посуде 250—400 г горчичного порошка, постепенно подливая к нему настой индийского лука, до консистенции жидкой кашицы. Затем растереть до появления резкого, едкого горчичного запаха.

Применение: кашицу вылить в ванну (на 180—200 л воды) и хорошо перемешать. Ванну принимать при температуре воды +37—38°С. После ванны нужно постоять под душем 12 минут и закутаться в теплое одеяло.

Перцовый пластырь нужно приклеивать на поясницу, где он может оставаться несколько дней без вреда организму. Меняя пластырь, подкладывать на 5—7 минут вместо горчичного обычный, прикладывая с внутренней стороны к нему помятые листы индийского лука.

Компресс с черной редькой

Требуется: 1 редька, 1 лист индийского лука.

Приготовление: очищенную редьку натереть. На хлопчатобумажную или льняную ткань нанести нетолстый слой редьки и покрыть другим куском ткани. Сверху положить измельченный лист индийского лука и снова переложить тканью.

Применение: полученный компресс следует наложить на больное место, покрыв сверху калькой или пергаментом, укутав. Держать такой компресс нужно до тех пор, пока хватит терпения.

У больного создается ощущение медленного и глубокого прогревания. Иногда достаточно сделать так несколько раз, и боль отступает. Наружно тертую редьку в смеси с индийским луком применяют также для растираний при радикулите, ревматизме, подагре, при простудных заболеваниях.

Кашицу из натертых корней хрена вместе с индийским луком в соотношении 2:1 применять в качестве растирания при радикулите, сильных болях в суставах, мышечных болях в спине и пояснице.

Лечебный лед

Требуется: 10 г экстракта шалфея, 0,5 л воды, 3 капли настойки индийского лука.

Приготовление: экстракт шалфея развести водой 1:5 или сделать настой шалфея, добавить несколько капель настойки индийского лука и поставить в морозильную камеру.

Применение: полученным льдом полезно натирать больное место.

Приведу еще несколько рецептов.

1. *Требуется:* 5 мл скипидара, 0,5 листа индийского лука.

Приготовление: скипидар смешать с соком индийского лука.

Применение: втирать в поясницу до появления красноты и ощущения тепла.

2. Положить на бумагу слой ржаного теста, пропитанного соком индийского лука, накрыть марлей в 2 слоя и наложить на поясницу, сверху полностью покрыть ватой. Компресс следует держать на пояснице не меньше 1 часа. Если жжение нестерпимо, то компресс нужно убрать во избежание ожога. Лечение продолжать 3 дня подряд. Оставшееся на теле тесто ни в коем случае не смывать водой, не смазывать тело вазелином. Остатки нужно осторожно убрать ватой с больных мест.

Для приготовления растирания измельчить корни живокоста (окопника), смешать с листом индийского лука в пропорции (2:1) и залить смесь самогоном (1:3). Не спиртом (он пережигает) и не водкой (она не вытягивает, как нужно)! Самогон мягкий, и вытяжка из корней живокоста тоже получается мягкой. Посуда для растирания должна быть стеклянной и прозрачной. Банку необходимо держать в темном месте при комнатной температуре, ежедневно взбалтывать по 6—7 раз на день. Через 3 дня средством можно пользоваться, не процеживая. Если растирание закончилось, этот же состав можно залить самогоном второй раз, прибавив еще немного индийского лука. Вытяжка получается еще сильнее.

Очень полезно пить ежедневно натощак лимонный сок из 1 или 0,5 лимона, разведенный горячей водой.

Миалгия и миозит

Миалгия — это боль в мышцах, часто сопровождающая различные заболевания, например миозит. Если вы ощущаете боль в мышцах конечностей, в спине, шее, скорее всего, возникли миалгия либо миозит. Боль в мышцах может также возникать при переутомлении, длительных физических тренировках.

Миалгия буквально означает «боль в мышцах». Она дает о себе знать, когда в мышечной ткани имеются микроповреждения, практически не мешающие ее функции, но причиняющие неудобства, либо в мышечной ткани скопилась молочная кислота — вещество, вырабатываемое, когда ткани начинают активно снабжаться кислородом и не успевают выводить вредные вещества. Такая боль проявляется после чрезмерных нагрузок, очень легких травм (неудачного упражнения, легкого ушиба, неловкого движения).

Миалгию можно не замечать, она проходит сама. Достаточно однажды преодолеть боль и снова заставить те же мышцы работать — и боль пройдет. Но если организм ослаблен, а боль становится докучающей, поможет массаж с индийским луком. Он как нельзя лучше снимет болевые ощущения и удалит молочную кислоту.

1. *Требуется:* 100 г любого нейтрального увлажняющего крема без травяных ингредиентов, сок 1 листа индийского лука.

Приготовление: крем и сок индийского лука смешать. Заготовку хранить в холодильнике не дольше 2 недель.

Применение: в качестве массажного крема при миалгиях.

2. *Требуется:* 2 ст. л. репешка обыкновенного, 1 стакан кипятка.

Приготовление: траву залить кипятком, кипятить 15 минут на слабом огне, процедить.

Применение: пить по 0,3 стакана 3—4 раза в день за 30 минут до еды. Отвар можно подсластить медом или сахаром.

3. *Требуется:* 20 г измельченного болгарского перца, 100 мл 70%-ного спирта, 4 ст. л. настоя индийского лука.

Приготовление: перец залить спиртом, настаивать

7 дней при комнатной температуре в закупоренной посуде. Затем настойку слить и смешать с настоем индийского лука.

Применение: использовать для натирания.

Остеохондроз

При остеохондрозе происходит деформация позвонков и межпозвонковых дисков. Болезнь сопровождается выраженной болью в спине, искривлением позвоночника, то есть сколиозом. Необходимо отметить, что плохая осанка может сама спровоцировать раннее развитие остеохондроза. Из-за неправильной посадки за партой у школьников в наше время остеохондроз развивается все раньше и раньше. В последнее время это заболевание неуклонно молодеет, встречается в возрасте 10—12 лет.

Лечение остеохондроза в зависимости от происхождения заболевания включает исправление осанки, массаж, физиотерапевтические процедуры. Хорошее действие оказывает прогревание УВЧ-лучами и компрессами со специальными составами.

Настойка на водке или спирте листьев индийского лука, выдержанная 2 недели в теплом месте и в темноте, хорошо снимает боли при остеохондрозе. Настойкой натирают больные места. Кроме того, можно порекомендовать несколько мазей на основе индийского лука для втирания на ночь в область шейного отдела и поясницы. Мазь действует местно, снимает боль и предотвращает возможный воспалительный процесс.

Мазь с тысячелистником

Требуется: 10 мл настойки тысячелистника, 10 мл настойки индийского лука, 200 мл вазелина.

Приготовление: настойку тысячелистника смешать в

равных пропорциях с настойкой индийского лука (для этого больше подходит соотношение 1:20). Смесь влить в чашку с вазелином (1 часть смеси на 20 частей вазелина) и подогреть до температуры +40—45°С, затем остудить.

Применение: смазывать спину вдоль позвоночника на ночь в течение 7—8 дней. С мазью можно делать лечебный массаж.

Мазь с брусничником и корнем лопуха

Требуется: по 1 части листьев брусничника, корня лопуха, листьев индийского лука, 3 части спирта, 10 частей вазелина.

Приготовление: измельченное сырье в равных пропорциях перемешать, залить спиртом в соотношении 1:3 и настаивать 10 дней в темном месте. Процеженную настойку смешать с вазелином в пропорции 1:10.

Применение: мазь обладает выраженным терапевтическим эффектом, ее следует применять как болеутоляющее средство по мере надобности. Длительное использование не рекомендуется.

Мазь на эфирном масле

Требуется: 10 г мятного масла, 1 луковка индийского лука, 100 г вазелина.

Приготовление: в масло выжать сок небольшой луковки индийского лука и перемешать с вазелином.

Применение: мазь особенно эффективна в сочетании с точечным массажем спины. На указательные пальцы рук нанести немного мази и втирать в кожу спины вдоль позвоночника круговыми движениями. Чувствительные точки, куда нужно втирать мазь, расположены слева и справа на расстоянии 2—3 см от позвонка. В каждую пару точек мазь следует втирать 1—2 минуты. Таким образом обрабатывается вся проблемная часть позвоночника.

Приведу еще несколько рецептов.

1. *Требуется:* смесь цветков ромашки, листьев мяты, травы хвоща полевого, мочегонный чай, травы зверобоя, корней девясила, травы крапивы, березовых почек, брусничного листа, льняного семени, кукурузных рылец, индийского лука измельченного в равных частях, 1 л кипятка.

Приготовление: 1 ч. л. смеси залить кипятком. Настаивать 2 часа.

Применение: втирать в кожу по 0,5 стакана 4 раза в день.

2. *Требуется:* 50 г масла подсолнечника, 50 г масла белены, 10 г индийского лука.

Приготовление: все растереть до получения равномерной массы.

Применение: втирать в позвоночник на ночь.

3. *Требуется:* 10 г листьев мяты, 20 г листьев мелиссы, 20 г травы вереска, 40 г корневищ с корнями валерианы, 10 г индийского лука, 1 стакан кипятка.

Приготовление: 1 ст. л. смеси залить кипятком. Настаивать 30 минут.

Применение: втирать по 0,5 стакана 3 раза в день. Также помогает при повышенной раздражительности, астено-невротических реакциях, болях и нервных заболеваниях, сопровождаемых бессонницей, в виде массажной смеси.

4. *Требуется:* 5 ст. л. можжевельника, 3 ст. л. плодов шиповника, 2 ст. л. луковой шелухи, 1 л воды, 4 ст. л. настоя индийского лука.

Приготовление: смесь измельчить, залить 1 л воды, варить на слабом огне 10—15 минут, настаивать ночь, добавить настой индийского лука, процедить.

Применение: натирать больную область позвоночника.

5. *Требуется:* 2 ст. л. коры ивы, 0,5 л воды, 2 ст. л. настоя индийского лука.

Приготовление: сухую измельченную кору залить 0,5 л кипяченой воды, довести до кипения и варить на слабом огне 10 минут, настаивать 2 часа, процедить, добавить настой индийского лука.

Применение: натирать позвоночник.

6. *Требуется:* 30 г коры березы, 30 г коры осины, 20 г коры дуба, 1 стакан кипятка, 2 ч. л. настоя индийского лука.

Приготовление: 1 ст. л. смеси залить кипятком, 5 минут кипятить. Добавить настой индийского лука.

Применение: использовать в теплом виде для натирания позвоночника.

Радикулит

Радикулит — широко распространенное заболевание, представляющее собой воспаление корешков спинного мозга. Наиболее часто поражаются нервы пояснично-крестцовой области. Причины радикулита — воспаление, травма, неблагоприятные условия труда. Наиболее часто радикулитом болеют взрослые люди. Боль появляется или усиливается при подъеме вытянутой ноги, а при последующем сгибании ее в коленном суставе исчезает. Это обстоятельство помогает отличить радикулит от других заболеваний, сопровождающихся болями в поясничной области.

Лечение радикулита должно быть направлено на устранение причины заболевания и на снятие болевых ощущений в спине. Индийский лук считается эффективным средством при лечении радикулита, быстро снимающим боль в спине.

Для лечения застарелого радикулита больное место натирают свежим, слегка помятым листом индийского лука, когда из него выделится густой млечный сок. Делать эту процедуру нужно очень быстро, за 1—2 минуты, поскольку сок быстро впитывается и действует моментально. Натертое место следует сразу укрыть шерстяным платком и лечь под одеяло. В этих же целях можно использовать другие формы лечения индийским луком.

Настойка с касторовым маслом

Требуется: 4 ст. л. настойки индийского лука, 1 ст. л. касторового масла.

Приготовление: в настойку индийского лука, приготовленную обычным способом, влить масло. Смесь взболтать, оставить в темном месте на 3 часа.

Применение: в качестве обезболивающего и профилактического средства. Настойкой смазывать спину вдоль позвоночника, после чего накрыть больного шерстяным одеялом не менее чем на 1 час.

Еще несколько рецептов.

1. *Требуется:* 1 часть коры ивы, 1 часть мать-и-мачехи, 1 часть душицы обыкновенной, 1 часть индийского лука, 0,5 л кипятка.

Приготовление: 1 ст. л. смеси залить кипятком, кипятить 10 минут.

Применение: в горячем виде делать компресс на ночь.

2. *Требуется:* 3 части корня лопуха, 2 части пырея ползучего, 2 части вероники лекарственной, 3 части фиалки полевой, 1 стакан кипятка, 3 ст. л. настоя индийского лука.

Приготовление: 1 ст. л. смеси залить кипятком, кипятить 10 минут, настаивать 30 минут. Добавить настой индийского лука.

Применение: смазывать больное место, после чего тепло укутать.

3. *Требуется:* 4 ст. л. цветков акации, 0,5 листа индийского лука, 100 мл 70%-ного спирта или 1 стакан водки.

Приготовление: сырье залить спиртом или водкой, настаивать 7 дней, процедить.

Применение: для растирания поясничной области при острых и хронических радикулитах.

4. *Требуется:* 1 часть дягиля лекарственного, 1 часть хмеля обыкновенного, 1 часть березы повислой, 1 часть крушины ольховидной, 1 часть валерианы лекарственной, 4 ст. л. настоя индийского лука, 0,5 л воды.

Приготовление: 4 ст. л. сбора залить 0,5 л кипятка. Остудить и смешать с настоем индийского лука.

Применение: протирать спину на ночь.

5. *Требуется:* 1 ст. л. тимьяна ползучего, 1 стакан кипятка, 2 ч. л. сока индийского лука.

Приготовление: траву залить кипятком, кипятить 15 минут в закрытом сосуде, настаивать 1 час, процедить. Смешать с соком индийского лука.

Применение: протирать настоем спину. Служит эффективным болеутоляющим и спазмолитическим средством при напряжении и болях в мышцах спины.

6. *Требуется:* 4 ст. л. полыни метельчатой, 100 мл 70%-ного спирта или 1 стакан водки, 1 ч. л. сока индийского лука.

Приготовление: измельченную траву залить спиртом или водкой, настаивать 7 дней, процедить, смешать с соком индийского лука.

Применение: в виде настойки для растирания поясницы и других болезненных мест. Уменьшает воспалительные процессы, прекращает боль.

7. *Требуется:* 1 ст. л. репешка обыкновенного, 1 стакан кипятка, 4 ст. л. настоя индийского лука.

Приготовление: траву залить кипятком в закрытой посуде, настаивать 3 часа, процедить. Смешать с настоем индийского лука.

Применение: использовать для натирания. Хорошо помогает при радикулитах, миозитах простудного и травматического характера.

8. *Требуется:* 2 ст. л. цветков каштана конского, 100 г 70%-ного спирта или 1 стакан водки, 4 ст. л. настоя индийского лука.

Приготовление: цветки настаивать 2 недели в спирте или водке. Смешать с настоем индийского лука.

Применение: использовать для натирания. Оказывает обезболивающее и противовоспалительное действие. Одновременно с растиранием рекомендуется принимать настой из коры конского каштана.

9. *Требуется:* 2 ст. л. корневищ сабельника болотного, 100 мл 70%-ного спирта или 1 стакан водки, 4 ст. л. настоя индийского лука.

Приготовление: измельченные корневища залить спиртом или водкой, настаивать 2 недели, процедить. Смешать с настоем индийского лука.

Применение: растирать болезненные места 2—3 раза в день. Одновременно с растиранием принимать настой сабельника.

10. *Требуется:* 1 часть тимьяна ползучего, 1 часть ромашки аптечной, 1 часть зверобоя продырявленного, 1 часть бузины черной, 1 стакан кипятка, 4 ст. л. настоя индийского лука.

Приготовление: 1 ст. л. смеси залить кипятком, кипятить 5 минут, настаивать в термосе 2 часа, процедить. Смешать с настоем индийского лука.

Применение: использовать для компрессов. Компрессы готовят только из горячего настоя с укутыванием больного в теплое одеяло. Продолжительность процедуры — от 30 минут до 2 часов в зависимости от состояния больного.

ГЛАВА 3

Растяжения

Растяжение — это повреждение связок, мышц, сухожилий и других тканей без нарушения их анатомической целости. Растяжения и разрывы связок возникают из-за резкого движения в суставе, превосходящего нормальный объем его подвижности.

Чаще всего наблюдается растяжение связок голеностопного или коленного сустава. Обычно происходит надрыв отдельных волокон связок с кровоизлиянием в их толщу. Для растяжения характерно возникновение боли в суставе при движении, припухлости. Отмечаются местная болезненность при пальпации, кровоподтек, который может выявиться через 2—3 дня после травмы.

При растяжении связок сустав отекает, до него больно дотрагиваться, но больной может совершать движения, шевелить пальцами, ходить. Этим растяжение отличается от перелома и полного разрыва связки. При разрыве связки наблюдаются более сильная боль, невозможность опираться на конечность, нередко кровь проникает в полость сустава. Однако точно определить, какое именно повреждение имеет место, может только врач.

Индийский лук необходим при растяжениях и разрывах, поскольку способствует быстрому зарастанию поврежденных тканей и рассасыванию кровоизлияния.

Предложу несколько рецептов с индийским луком, действие которых обеспечит быструю ликвидацию последствий травмы.

Витаминная повязка

Требуется: 200 мл оливкового масла, 5 г индийского лука, 10 г тысячелистника, 20 г цедры лимона.

Приготовление: масло подогреть до температуры +50°C и соединить с индийским луком, тысячелистником и цедрой лимона. Кипятить не более 2 минут, остудить, отфильтровать.

Применение: смочить маслом повязки. Состав оказывает противовоспалительное и укрепляющее действие, хорошо успокаивает боль.

Противовоспалительная повязка

Требуется: 1 лист индийского лука, 200 мл воды, по 1 ст. л. календулы, почек сосны, тысячелистника, зверобоя, мяты, чистотела, шиповника, чабреца.

Приготовление: сок индийского лука выжать в 200 мл воды и подогреть. Добавить 1 ст. л. смеси трав. Греть на водяной бане 10—15 минут, процедить горячим.

Применение: накладывать повязки и часто менять их.

Заживляющая повязка

Требуется: 1 лист индийского лука, 200 мл оливкового или соевого масла, по 1 ст. л. ромашки, полыни, календулы, тысячелистника, зверобоя.

Приготовление: сок индийского лука выжать в масло и подогреть. Добавить 2 ст. л. смеси трав. Греть на водяной бане 10—15 минут, отжать.

Применение: повязку накладывать на ночь, обертывая полиэтиленом.

Ревматизм

Ревматизм представляет собой воспалительное заболевание соединительной ткани с преимущественным поражением сердца. Болеют в основном дети и молодые люди, причем женщины в 3 раза чаще мужчин.

В основе возникновения заболевания лежит инфицирование стрептококком. Ревматизм может также возникнуть как осложнение заболеваний, вызванных стрептококком. В его развитии существенное значение имеют иммунные нарушения. В типичных случаях заболевание развивается через 1—3 недели после перенесенной ангины или (реже) другой инфекции. У некоторых больных даже первичный ревматизм возникает через 1—2 дня после охлаждения без какой-либо связи с инфекцией. Повторные случаи болезни часто развиваются после любых заболеваний, оперативных вмешательств, физических перегрузок.

Наиболее характерны для ревматизма сочетание острого полиартрита крупных суставов с умеренно выраженным воспалением сердца. Обычно начало заболевания острое, бурное. Быстро развивается полиартрит, сопровождающийся повышением температуры тела до +38—40°C с суточными колебаниями 1—2°C и обильным потом, но обычно без озноба. Первым симптомом ревматического полиартрита становится нарастающая острая боль в суставах, усиливающаяся при малейших пассивных и активных движениях и становящаяся буквально невыносимой у нелеченых больных. К боли быстро присоединяется отечность мягких тканей в области суставов. Кожа над пораженными суставами теплая. Объем движений из-за боли крайне ограничен. Характерно симметричное поражение крупных суставов — обычно коленных, лучезапястных, голеностопных, локтевых. Патологические изменения быстро проходят в одних суставах и столь же быстро возникают в других. Все суставные симптомы исчезают бесследно; даже без лечения они длятся не более 2—4 недель. По мере стихания суставных явлений (реже с самого начала болезни) на первый план выступают симптомы поражения сердца. Больные жалуются на слабые боли или неясные неприятные ощущения в области сердца, небольшую одышку при нагрузках, реже — на сердцебиение или перебои в работе сердца. Поражение сердца при ревматизме часто приводит к развитию пороков. Также может поражаться кожа (кольцевая эритема, «ревматические узелки»), легкие, почки, нервная система.

В лечении больного ревматизмом выделяют несколько направлений: обязательную госпитализацию в активной стадии, диспансерное наблюдение и лечение, реабилитацию. Снятие боли в суставах при ревматизме служит обязательным компонентом в лечении этого заболевания. В достижении данного эффекта с давних времен людям помогала фитотерапия. Для лечения ревматизма существует несколько щадящих рецептов с применением индийского лука.

Травяной настой с индийским луком

Требуется: 2 части цветов таволги, 3 части столбиков кукурузы, 3 части створок бобов фасоли, 3 части корня бузины травянистой, 3 части березовых почек, 2 части хвоща, 2 части, лепестков василька, 1 часть измельченных листьев или луковок индийского лука, 1 л воды.

Приготовление: травы сложить в матерчатый мешочек и протрясти. На порцию настоя необходимо 4 ст. л. с верхом смеси. Смесь залить с вечера 1 л сырой воды, утром кипятить 5—10 минут, настаивать 30 минут, после чего процедить и отжать.

Применение: теплым настоем обмывать пораженные участки 6—7 раз в течение дня.

Мазь с багульником и индийским луком

Требуется: 2 части мелко порезанного цветущего багульника, 1 часть мелко порезанного корня чемерицы, 1 часть измельченной луковки индийского лука, 3 части вазелина.

Приготовление: сырье смешать с вазелином или другим нейтральным жиром (обязательно использовать именно жир!). Мазь поставить на 12 часов в духовку при температуре не более +45—50°C (не доводить до кипения!), затем вынуть, процедить в банку и завязать бумагой.

Применение: мазь нежелательно наносить на ночь. Через 1 час после нанесения смазанное место вымыть с мылом.

Особенно показаны при ревматизме травяные ванны. Состав трав, оказывающих благоприятное действие на организм, разнообразен, но наиболее эффективны отвары из корней лопуха, травы вереска, крапивы, багульника, татарника, листьев брусничника. Отвары следует влить в ванну при температуре +38—40°С. Больному следует находиться в ней не менее 15 минут (область сердца держать над водой). Курс лечения составляет 10—12 ванн.

Средство для принятия ванны с хвоей

Требуется: 1 стакан овсяной муки, 3 стакана воды, 1 ст. л. настоя сосновой хвои, 1 ампула хвойного эфирного масла, не более 2 ст. л. стандартной спиртовой настойки индийского лука.

Приготовление: залить муку водой, размешать, сварить до получения киселеобразной массы.

Применение: вылить отвар в ванну и добавить хвойный экстракт и настойку индийского лука. Посидеть в ванне 15 минут, затем принять душ и смазать кожу кремом.

Скипидарная ванна

Требуется: 1 стакан скипидарной смеси, 2 л воды, 5 мл настоя индийского лука.

Приготовление: развести скипидар в пропорции 1 стакан на 2 л воды. На каждый литр воды добавить 5 мл настоя индийского лука.

Применение: ванну принимать не более 15 минут, затем принять душ.

Полынная ванна

Требуется: 250 мл водки, 45 ст. л. травы полыни горькой, 250 мл настоя индийского лука.

Приготовление: в водку насыпать полынь, настоять

21 день в темном месте, процедить и добавить аналогичный объем настоя индийского лука.

Применение: разделить смесь на 3 части и вливать по 1 части в ванну. Курс лечения составляет не более 3 ванн. Принимать ванну не рекомендуется дольше 10—12 минут.

Еще несколько эффективно действующих рецептов.

1. *Требуется:* 45 ст. л. корня лопуха, 10 л воды, 1 лист индийского лука.

Приготовление: сырье прокипятить в ведре с водой, остудить.

Применение: в теплом отваре смочить простыню такой ширины, чтобы она покрывала тело от подмышек до щиколоток ног. Выжатой недосуха простыней плотно укутать больного. Между коленями проложить кусок простыни, чтобы ноги не соприкасались. Затем больного точно так же укутать сухой простыней и шерстяным одеялом. Простыню и одеяло закрепить булавками и оставить больного на 1,5—2 часа в постели. Если больной уснет, будить его не нужно, простыни снимают после пробуждения. Лечение лучше применять на ночь, 1 раз в сутки. Через 6 дней сделать перерыв на сутки. Курс лечения составляет 2—3 недели. Вместе с наружным применением можно пить отвар корня лопуха большого (15 г корня на 200 мл кипятка) по 1 ст. л. 4 раза в день перед едой.

2. *Требуется:* 30 г измельченных лавровых листьев, 10 г измельченной луковицы индийского лука, 200 г растительного масла.

Приготовление: все смешать, настоять 3—6 суток, процедить.

Применение: использовать для натирания суставов.

3. *Требуется:* 1 часть цветков липы, 1 часть плодов малины, 0,5 л кипятка, 2 ст. л. настоя индийского лука.

Приготовление: 2 ст. л. смеси залить кипятком, кипятить 5—10 минут, процедить, добавить настой индийского лука.

Применение: при ревматизме для натирания суставов.

4. *Требуется:* 40 г плодов малины, 40 г листьев мать-и-мачехи, 0,5 л кипятка, 2 ст. л. настоя индийского лука.

Приготовление: 2 ст. л. смеси залить кипятком, кипятить 5—10 минут, процедить, добавить настой индийского лука.

Применение: использовать для натирания пораженных суставов.

Ревматоидный артрит

Ревматоидный артрит — это воспаление суставов, которое возникает в результате иммунологических нарушений и связано с проникновением в организм стрептококка. Однако окончательно причина болезни не установлена. Ревматоидный артрит — наиболее распространенное заболевание среди других хронических артритов. У женщин это заболевание встречается чаще, чем у мужчин.

Ревматоидный артрит характеризуется в основном хроническим прогрессирующим воспалением многих суставов конечностей. Разнообразные нарушения иммунитета приводят к развитию стойкого артрита и разрушению сустава, а также к возникновению в ряде случаев системного поражения соединительной ткани и сосудов. При ревматоидном артрите, как и при ревматизме, поражается в основном соединительная ткань. Но между заболеваниями существуют различия: если при ревматизме страдает по большей части сердечно-сосудистая система, то при ревматоидном артрите — суставы. Болезнь обычно начинается с появления болей и отека суставов. Соединительные ткани вокруг суставов и хрящевая ткань воспаляются. На ранних стадиях может наступать временная ремиссия. Воспаление способно стихать на довольно большой промежуток времени — от нескольких месяцев до нескольких лет. Но тем не менее изменения суставов неуклонно прогрессируют у всех больных, в патологический процесс вовлекаются и другие суставы.

Заболевание проявляется стойким артритом (обычно полиартритом), поражаются мелкие суставы кистей и стоп или любые суставы конечностей. Характерно ощущение утренней скованности, утром боли усиливаются, суставы воспаляются и припухают, затрудняется движение. Для ревматоидного артрита также типично образование деформационного отклонения пальцев кистей рук кнаружи, рука становится похожей на птичью лапу. Деформационный процесс может быть спровоцирован некоторыми видами физической нагрузки, поэтому больным следует избегать круговых движений кистью, завязывания узлов и т. д.

Лечение ревматоидного артрита в большинстве случаев направлено на улучшение качества жизни больных, на снижение болевых ощущений, уменьшение воспаления. На сегодняшний момент пе существует эффективных средств излечения ревматоидного артрита, предлагаемых традиционной медициной. Однако существует много свидетельств хороших результатов при использовании препаратов народной медицины, которые подарила нам сама природа.

Хочу поделиться несколькими рецептами с индийским луком, которые помогут справиться с ревматоидным артритом.

Эффективна смесь меда с соком алоэ и водочной настойкой индийского лука (2:1:3). Из смеси приготовьте компресс, оказывающий противовоспалительное действие при артритах.

Препараты из листьев и почек обыкновенного тополя хорошо снимают боли в суставах. Наружно листья и почки следует применять для сидячих ванн.

Требуется: 3 ст. л. измельченных листьев и почек тополя, 1 л воды, 5 ст. л. настоя индийского лука.

Приготовление: 3 ст. л. сырья кипятить 5 минут в воде. Настаивать 4 часа, процедить. Вылить в ванну, смешав с настоем индийского лука.

Применение: процедуру проводить ежедневно. Курс лечения составляет 11—13 дней.

Для лечения артрита используется наружно масло из зверобоя для смазывания суставов или изготовления горячих компрессов. Банку или бутылку с широким горлом заполнить несколькими пригоршнями свежесобранных цветов, залить оливковым или растительным (можно подсолнечным) маслом, чтобы полностью покрыть цветы, закрыть крышкой. На 5—7 недель поставить на солнечный подоконник. Масло окрашивается в красивый темно-красный цвет. Цветы извлечь, отжать и выбросить. Хранить масло в темном месте. Использовать с лечебной целью наружно. При некоторых заболеваниях масло принимается внутрь. Если смешать масло зверобоя с настоем индийского лука (соотношение 1 : 4), действие лекарства усилится.

Отвар зеленых растений овса применяют в качестве наружного средства в виде ванн и обмываний. Ванны из свежей овсяной соломы (12 кг соломы на 1 ванну) применяют при воспалении суставов.

Солому замочить в ведре, кипятить 15—20 минут. В последнюю минуту кипения добавить 5 ст. л. настоя индийского лука. Отвар процедить, вылить в ванну. Средство хорошо сочетается с травяными пенами для ванн.

Ванна из сенной трухи

Для полной ванны взять 1 кг трухи и 1 лист индийского лука, для половинной — 0,5 кг, для сидячей 250 г, то есть 4 полные горсти (для лечения кистей или стоп) с соответствующим уменьшением дозы индийского лука. В ванне с температурой воды +37°C следует находиться от 5 до 20 минут в зависимости от состояния больного.

При лечении суставного ревматизма и некоторых других болезней многие целители рекомендуют принимать горячую ванну из сенной трухи продолжительностью 20 минут, чаще всего 45 минут, иногда и 1 час. Если сердце не особенно сильное, следует принимать лечебные ванны через день, при хорошем состоянии сердечно-сосудистой системы — ежедневно.

Для лечения ревматоидного артрита потребуется провести от 30 до 50 ванн. Они очень благоприятны при замерзших конечностях, при аллергических высыпаниях на теле. При лечении ваннами с сенной трухой рекомендуется пить сок грейпфрута, выводящий излишнюю жидкость из суставов и пазух (по 0,5 стакана 3 раза в день).

Сенная труха богата различными эфирными маслами, благодаря чему местно раздражает кожу. Она необыкновенно полезна при лечении обмена веществ, при выведении песка и камней, при подагре, ревматизме, при судорогах, коликах желчного пузыря, желудка.

Ванна с листьями грецкого ореха

Свежие или высушенные листья залить холодной водой и кипятить 45 минут в плотно закрытой посуде. Для полной ванны необходимо 1 кг, для половинной — 0,5 кг, для сидячей и ножной по 250 г сырья. Ванны применяются также в детской практике при лечении аллергий и при заболеваниях лимфатических узлов.

Ванна с корнями аира

Для полной ванны взять 250 г аира и 1 лист индийского лука, для половинной — 125 г. Ванны с аиром служат также для лечения аллергии и рахита у детей и невроза у взрослых. Корни и зелень аира залить холодной водой и кипятить 30 минут, после чего отвар добавить к ванне. Сок свежего листа индийского лука добавить отдельно.

Ванна с отрубями

На целую ванну идет 1,5 кг отрубей и 1 лист индийского лука, на половинную — 750 г, на ножную — 250 г. Залить отруби (их удобно насыпать в холщовый мешок) холодной водой и немного поварить. Ими пользуются также при воспаленных, зудящих и болезненных сыпях, при ожогах, ранениях и чрезмерной психической чувствительности женщин.

Экстракт из сосновых игл и индийского лука

Иглы, веточки и шишки сосны залить холодной водой и кипятить 30 минут, после чего хорошо закрыть и оставить на 12 часов настаиваться. Хороший экстракт имеет коричневый цвет. Добавить 0,5 стакана настоя индийского лука. Для полной ванны требуется 1,5 л экстракта, для половинной — 750 г, для сидячей и ножной — по 250 г. Ванны с экстрактом из сосновых игл не только отлично останавливают любое воспаление, в том числе воспалительный процесс в суставах, но и очень эффективны для людей с раздражительностью, укрепляют сердце и нервы. Поэтому они с большим успехом применяются при воспалении нервов, бессоннице, параличе и подагре, мышечном и суставном ревматизме, ишиасе.

Ванны с поваренной солью

Для полной ванны требуется 2 кг соли, растворенной в воде. Соль в сочетании с действием 1 листа индийского лука раздражает кожу, обладает противоотечным действием.

Ванна с тимьяном

На полную ванну нужно 1 кг тимьяна (немного поварить в кипятке) и 1 лист индийского лука.

Ванны с тимьяном улучшают состояние всего организма, облегчают состояние больного при ревматизме.

Ванны с горчицей

Требуется: 2—3 пригоршни сухой горчицы, 5 ст. л. настойки индийского лука.

Приготовление: горчицу залить водой с температурой +50°C и, хорошо растерев, чтобы не было комков, прибавить настойку индийского лука. Все вылить в воду для ванны.

Применение: выделяющееся горчичное эфирное масло оказывает на кожу большее раздражение, чем всякие другие добавки к ваннам. Пребывание в такой ванне ограничивается 5—10 минутами. Затем нужно принять теплый душ.

Горчицу ни в коем случае нельзя кипятить, иначе она теряет свои свойства.

Ванны с квасцами и содой

Рекомендуются при суставных заболеваниях, варикозном расширении вен, при варикозных язвах. Температура воды +38,5°C, продолжительность принятия ванны — 15 минут. Можно добавить 0,3 стакана настоя индийского лука для усиления лечебного эффекта.

Очень часто для лечения болезней суставов используют парафин — воскоподобное вещество, получаемое из нефти синтетическим путем, известное своими лечебными прогревающими свойствами с 1909 года. На вид это белая полупрозрачная твердая масса без запаха и вкуса. Парафин способен прогревать кожу при значительно более высокой температуре, чем, например, вода, не вызывая ожога. Кроме того, он остывает в три с лишним раза медленнее песка. Застывая, парафин примерно на 10% уменьшается в объеме и сжимается, охватывая ткани тела, на которые был наложен, слегка сдавливая их. Кстати, парафин смягчает кожу, поскольку содержит до 0,6% масляных фракций. Для процедуры парафин обычно следует расплавить на водяной бане, а затем охладить до требуемой температуры. Длительность одной процедуры парафинолечения обычно составляет 30 минут. Проводить их следует через день. После окончания процедуры рекомендуется отдохнуть не менее 1 часа.

Для лечения ревматоидного артрита расплавленный парафин, остуженный до +60—65°C, нанести ватным тампоном на больной участок тела до получения слоя толщиной не менее 1 см. Покрыть полиэтиленовой пленкой и закутать шерстяным одеялом или платком для сохранения тепла.

Количество процедур, необходимых для лечения артритов, составляет 10—30. Помните, что за 1 процедуру проводят лечение не более 2—3 суставов одновременно, чередуя их. Парафинотерапию необходимо обязательно сочетать с фитотерапией, особенно хороший эффект наблюдается при параллельном наружном использовании препаратов индийского лука (в виде растираний, компрессов, примочек).

ГИНЕКОЛОГИЧЕСКИЕ ЗАБОЛЕВАНИЯ

Миома матки

Миома — это доброкачественная опухоль мышечной ткани. Миома матки — один из актуальнейших вопросов, касающихся женского здоровья, поскольку она остается самым распространенным заболеванием женских внутренних половых органов. В последние годы, к сожалению, число женщин, у которых диагностировали опухоль такого рода, стало расти. На данный момент около 30% женщин России имеют подобное заболевание. Причем, если раньше миому матки считали заболеванием климактерического периода, ею страдали женщины преимущественно 40—50 лет, то теперь опухоль все чаще диагностируют у молодых женщин 18—30 лет. Миома может возникать повторно примерно у четверти больных, а бесплодие встречается в 40% случаев в связи с предшествующим расстройством функционирования яичников, когда менструальный цикл формируется по типу ановуляторного (не сопровождается овуляцией).

Вовремя выявить миому позволяет лишь регулярный осмотр у гинеколога, который обязательно должны проходить все женщины предклимактерического и климактерического возраста. Миома, называемая иначе фибромой, фибромиомой матки — это новообразование, сформированное из гладкомышечной ткани. Сама по себе миома не имеет ничего общего с онкологическим заболеванием. Злокачественное перерождение миомы происходит в 1,55% случаев, а в 2% имеется сочетание миомы и рака эндометрия.

В значительной степени на развитие этой доброкачественной опухоли оказывают влияние воспалительные заболевания и аборты, а иногда и образ жизни. У женщины, перенесшей к 30 годам 10 абортов, риск образования миомы матки к 40 годам возрастает в 2 раза. Доказано, что намного чаще миомы матки встречаются у нерожавших женщин.

Почти в половине случаев склонность к образованию миоматозных узлов передается по наследству: если у всех женщин в семье диагностированы миомы, вероятность заболевания сильно возрастает. Необходимо более тщательно следить за своим здоровьем и обследоваться у гинеколога как минимум ежегодно.

К предрасполагающим факторам появления миоматозных узлов относятся нарушения работы яичников, воспалительные заболевания половой сферы, перенесенные инфекционные заболевания, передаваемые половым путем (особенно трихомониаз, хламидиоз, гонорея). Также к миоме зачастую приводят лечебно-диагностические выскабливания стенок полости матки, введение и удаление внутриматочных спиралей, аборты. Неблагоприятная экология — еще одна причина образования различных опухолей.

Существуют 3 наиболее частые локализации миом:

1) субсерозный миоматозный узел находится под серозной оболочкой матки с наружной ее поверхности. Субсерозная миома развивается из внешней части матки и растет наружу в полость таза. Обычно она не влияет на течение месячных, но может причинять дискомфорт, связанный с ее размерами и давлением на окружающие ткани, которое она оказывает;

2) интрамуральный миоматозный узел находится в толще мышц матки. Интрамуральная миома развивается из среднего мышечного слоя, всегда приводит к значительному увеличению матки. Это наиболее часто встречающаяся форма заболевания. Она вызывает нарушение менструального цикла, боли или ощущение давления в области таза;

3) субмукозный миоматозный узел под слизистой оболочкой матки (ближе к внутренней полости). Субмукозная подслизистая миома возникает глубоко в матке, сразу под тонким слоем слизистой, выстилающей ее полость. Субмукозные узлы могут развиваться на ножке, как кисты. Их, как правило, удаляют эндоскопическим путем. Это наименее распространенная форма миомы, но она нередко приводит к возникновению болезненных симптомов.

Отдельно выделяют диффузную форму миомы, когда как таковые узлы отсутствуют, а разрастание приобретает неоформленный, общий характер.

К основным симптомам миомы относятся обильные месячные либо кровотечения, не связанные с ними; боли, связанные с менструацией либо постоянные, как правило, в низу живота, в пояснице; учащенное мочеиспускание; увеличение размеров живота, словно женщина беременна. Сдавливание кишечника ведет к запорам и ожирению; выкидышам. Заболевание также может протекать бессимптомно, и только обследование у гинеколога позволяет установить верный диагноз. Беременность при миоме практически невозможна (возникает и сохраняется не чаще чем в 3% случаев), поскольку миома нарушает питание плода, узлы не могут растягиваться, и рост плода идет только в сторону, свободную от узлов. В послеродовом периоде при сохраненной беременности часто возникает кровотечение. Еще недавно медицина располагала только одним средством лечения миомы — хирургическим вмешательством. В настоящее время практикуется комбинированное воздействие — медикаментозное и хирургическое. Несмотря на появление новых технологий (использование эндоскопической техники, лазеров, электро- и криохирургии), имеет смысл сочетать хирургическое вмешательство с применением фитотерапевтических средств.

При миоме применяют не только оперативные методы лечения, но и гормональную терапию, тормозящую рост узлов. Однако этот способ лечения эффективен лишь при определенных размерах матки. Если матка с миомой соответствует 12-недельной беременности и более, то применение гормональной терапии неэффективно.

В большинстве случаев миомы никак себя не проявляют и не нуждаются в лечении. Когда же проявляются явные симптомы, официальная медицина, как правило, предлагает медикаментозное лечение. Оно включает назначение противозачаточных препаратов, содержащих эстроген, использование нестероидных противовоспалительных средств или гормональную терапию. У многих пациенток с помощью этого лечения удается контроливать течение болезни, и дополнительной терапии не требуется. Однако гормональные препараты имеют побочные эффекты, их длительный прием небезвреден. Их назначают лишь на некоторое время, после чего миома обычно возобновляет свой рост.

Фитотерапия может действительно помочь в лечении маточных опухолевых заболеваний. При миоме матки фитотерапия проводится в четырех направлениях.

1. Непосредственное лечение опухоли как таковой. Используются спиртовые настойки и вытяжки из следующих растений: болиголов крапчатый, борец джунгарский, борец байкальский, сабельник болотный. ***Применять эти травы следует крайне осторожно, поскольку они ядовиты.*** Шандра обыкновенная, боровая матка, зюзник европейский воздействуют именно на маточные опухоли, что обусловлено содержанием в них соединений йода.

2. Регуляция менструального цикла. В зависимости от типа нарушения цикла применяются разные растения. При задержке менструации используют спиртовую настойку аристолохии, отвар цветов пижмы, при болях во время менструации помогают ромашка аптечная, хмель обыкновенный, манжетка лекарственная. При ранних менструациях полезен прострел обыкновенный (сон-трава). При менструациях, сопровождающихся отеками ног, помогает ясменник душистый, гвоздика полевая, душица обыкновенная.

3. Запирание маточных кровотечений, что особенно актуально при миоме матки. В данном случае используются растения, давно и прочно вошедшие в гинекологическую и акушерскую практику: крапива двудомная, пастушья сумка, тысячелистник обыкновенный, барбарис амурский.

4. Местное лечение травами в виде спринцеваний, припарок, тампонов, ванн и т. д. В последнем случае воздейст-

вие индийского лука может быть весьма полезно. Применение индийского лука показано в случаях, когда миома сочетается с воспалением.

Внимание! Перед применением средства обязательно посоветуйтесь с гинекологом!

Приведу несколько рецептов лечебных ванн.

1. *Требуется:* 1 ст. л. травы резака, 1 лист индийского лука, 1 стакан кипятка.

Приготовление: траву смешать с измельченным листом индийского лука, залить кипятком, настоять. Вылить в ванну.

Применение: принимать ванну 2 раза в день при фибромиоме в начальной стадии.

2. *Требуется:* 5 г корней лопуха, 0,5 л кипятка, 50 мл настойки индийского лука.

Приготовление: измельченные корни лопуха залить кипятком и настаивать (лучше в термосе) 12 часов, процедить. Смешать со спиртовой настойкой индийского лука.

Применение: добавлять в ванну по 100 мл. Курс лечения составляет 1 месяц. Через 10 дней курс можно повторить.

3. *Требуется:* 375 г алоэ, 10 г индийского лука, 625 г меда, 675 мл красного вина.

Приготовление: алоэ (растение должно быть как минимум трехлетним; перед срезом не поливать 5 дней) измельчить на мясорубке с индийским луком, добавить мед и вино (предпочтительнее кагора). Все смешать и поставить на 5 суток в холодильник (или в другое темное и прохладное место).

Применение: средство добавлять в ванну по 150 г. Тот же состав, но без индийского лука, можно употреблять внутрь. Срок лечения — от 2—3 недель до 1,5 месяца.

4. *Требуется:* по 25 г травы тысячелистника, 10 г листьев индийского лука, 1 стакан кипятка.

Приготовление: травы смешать с измельченным листом индийского лука. 1 ст. л. смеси залить кипятком, настаивать, хорошо укутав, 1,5—2 часа.

Применение: 0,5 стакана смеси растворить в ванне. Принимать такую ванну следует не более 10 минут.

5. *Требуется:* по 1 ч. л. крапивы, чистотела, череды, корня валерианы, пустырника, мяты, плодов шиповника, плодов или цветков боярышника, 1 л кипятка.

Приготовление: травы залить 1 л кипятка, настоять.

Применение: пить 2 раза в день: на ночь и в перерыве между едой (либо между завтраком и обедом, либо между обедом и ужином). Если прибавить к настою 50 мл настойки индийского лука, сбор идеально подойдет для лечебных ванн по 1 стакану смеси на ванну.

6. *Требуется:* 1 кг скорлупы и перегородок грецких орехов, 1 лист индийского лука, 0,5 л водки.

Приготовление: смешать сырье с листом индийского лука. Залить 0,5 л водки и настаивать 10 суток.

Применение: принимать ванны с 50 г настойки.

7. *Требуется:* 100 г цветочного меда, 0,5 л 10%-ного спирта, 100 г березовых почек, 1 большой лист алоэ с колючками, 1 лист индийского лука.

Приготовление: березовые почки засыпать в термос и залить слегка подогретым спиртом (можно подогреть в горячей воде). Настоять 3 суток, процедить и смешать с медом. Лист алоэ (старый, большой, с колючками, взятый от самого корня, не мыть, а протереть салфеткой) пропустить через мясорубку вместе с индийским луком.

Применение: принимать по 1 ст. л. за 20 минут до еды; кашицей из листа столетника и индийского лука натираться перед душем.

Утром: 1 ст. л. настойки запить сырым яйцом.
Обед: 1 ст. л. настойки заесть 1 ст. л. сливочного масла.
Ужин: как обед. Перед употреблением настойку взбалтывать.

Нарушения менструальной функции

Неправильное питание, болезни нервной системы, инфекционные и другие заболевания, нарушающие общее состояние и важнейшие функции организма, нередко сопровождаются расстройствами менструального цикла.

Существует мнение, что расстройства менструальной функции, особенно аменорея (отсутствие менструаций), при тяжелых экстрагенитальных заболеваниях наблюдаются чаще, чем при некоторых гинекологических болезнях.

Причины и механизм развития нарушений менструальной функции отличаются сложностью. Связь между патологическими процессами, приводящими к тому или иному типу этих нарушений, выяснена еще не полностью.

Например, при ряде эндокринных расстройств, ведущих к понижению функции яичников, наблюдается нарушение обмена веществ и ожирение. Кроме того, ожирение, связанное с неправильным образом жизни и чрезмерным питанием, также иногда способствует понижению функции яичников. В том и другом случае могут возникнуть расстройства менструальной функции, характеризующиеся ослаблением менструаций (короткие, скудные). Сложность выражается также в том, что одна и та же причина может вызывать нарушения менструальной функции с различными клиническими проявлениями.

Механизм возникновения нарушений менструальной функции может быть различным в зависимости от того, на каком уровне сложной регуляции или в каком органе половой системы произошло наиболее значительное нарушение.

Нарушения менструальной функции отличаются большим разнообразием и в зависимости от клинических проявлений делятся на следующие группы:

1) аменорея — отсутствие менструации более 6 месяцев;

2) циклические нарушения — менструальные циклы существуют, но они нарушены (изменено количество крови, выделяющейся во время менструации, нарушена продолжительность менструаций, нарушен ритм менструаций);

3) ановуляторные (однофазные) маточные кровотечения (дисфункциональные маточные кровотечения);

4) болезненные менструации.

Эффективен следующий рецепт.

Требуется: по 4 ст. л. травы пустырника волосистого, цветков боярышника, травы сушеницы, 1 ст. л. ромашки аптечной, 1 стакан кипятка, 2 ч. л. настойки индийского лука.

Приготовление: 1 ст. л. смеси залить кипятком, приготовить отвар.

Применение: делать сидячие ванночки, добавляя в воду 50 мл отвара и настойку индийского лука.

При маточных кровотечениях, возникших в период климакса или при других заболеваниях, не связанных со злокачественными новообразованиями, отвар коры зрелых семян каштана использовать для влагалищных промываний (по 15 г на 250—0,3 л воды, кипятить 10 минут на слабом огне). В отвар добавить настойку индийского лука. Промывания делать 2 раза в день.

При слабых месячных с болями в низу живота принимать отвар листьев руты, смешанных с семенами петрушки (2 части руты, 1 часть петрушки, 1,5—0,5 л воды на

1 ст. л. смеси). Кипятить 10 минут. Выпивать глотками в течение всего дня не более 1 стакана. При добавлении настойки индийского лука отвар можно использовать для ванночек и внутривлагалищных промываний.

Приведу еще несколько рецептов.

1. *Требуется:* 15 г мелиссы, 1 стакан кипятка, 2 ч. л. сока индийского лука.

Приготовление: траву залить кипятком, настоять, укутав, 30 минут, процедить и добавить сок индийского лука.

Применение: добавлять в сидячие ванночки по 30—50 мл. Применять при болезненных месячных.

2. *Требуется:* 1 ч. л. лапчатки, 1 стакан молока, 2 ч. л. настоя индийского лука.

Приготовление: траву залить молоком, кипятить 5 минут, добавить настой индийского лука.

Применение: ставить компрессы на область матки при сильных маточных болях и при болезненных менструациях.

3. *Требуется:* 1 часть крушины ольховидной, 1 часть ромашки аптечной, 1 часть мяты перечной, 1 стакан кипятка, 2 ч. л. настоя индийского лука.

Приготовление: 1 ст. л. смеси залить кипятком, настаивать 40 минут, остудить, затем процедить. Добавить настой индийского лука.

Применение: делать внутривлагалищные промывания.

4. *Требуется:* 1 часть тысячелистника, 1 часть корня солодки, 1 часть можжевельника обыкновенного, 1 часть зверобоя продырявленного, 1 стакан кипятка, 2 ч. л. настоя индийского лука.

Приготовление: 1 ст. л. сбора залить кипятком, выдержать на водяной бане 15 минут, настоять 30 минут. Добавить настой индийского лука.

Применение: использовать для ванночек и промываний.

5. Требуется: 2 части валерианы лекарственной, 1 часть зверобоя, трава, 1 часть ромашки аптечной, 1 часть календулы, 1 стакан кипятка, 2 ч. л. настоя индийского лука.

Приготовление: 1 ст. л. смеси залить кипятком, настоять 40 минут, процедить, добавить 2 ч. л. настоя индийского лука.

Применение: промывания делают 2 раза в день.

6. Требуется: 2 части ревеня тангутского, 1 часть череды трехраздельной, 1 часть рябины красной, 1 часть плодов тмина, 350 мл воды, 2 ч. л. настоя индийского лука.

Приготовление: 1 ст. л. смеси залить водой, выдержать на кипящей водяной бане 30 минут, настоять 1 час. Добавить настой индийского лука.

Применение: полученное средство используется для промываний и ванночек.

При болезненных менструациях внутрь можно применять следующие травяные сборы. Эти средства наиболее эффективны при совместном использовании их с наружными препаратами, содержащими индийский лук, приведенными выше.

1. Требуется: 25 г тысячелистника обыкновенного, 25 г ромашки аптечной, 25 г цветков боярышника, 1 стакан кипятка.

Приготовление: 1 ст. л. сбора залить кипятком, кипятить 20 минут, охладить 15 минут и процедить.

Применение: принимать по 0,3 стакана 3 раза в день.

2. Требуется: 20 г ромашки аптечной, 20 г валерианы лекарственной, 15 г мяты перечной, 0,5 л кипятка.

Приготовление: 2 ст. л. сбора залить кипятком, кипятить 20 минут, настаивать 15 минут и процедить.

Применение: принимать по 1 стакану 2 раза в день (утром и вечером).

3. Требуется: 15 г корневищ валерианы лекарственной, 15 г коры крушины ломкой, 15 г мелиссы лекарственной, 15 г лапчатки гусиной, 200 мл кипятка.

Приготовление: 1 ст. л. сбора залить кипятком, настаивать 5 часов и процедить.

Применение: принимать по 1 стакану 4 раза в день.

4. Требуется: 25 г лапчатки гусиной, 15 г золототысячника зонтичного, 5 г горца птичьего, 5 г хвоща полевого, 1 стакан кипятка.

Приготовление: 1 ст. л. сбора залить кипятком, настаивать 1 час и процедить.

Применение: принимать по 0,25 стакана 4 раза в день.

5. Требуется: 10 г мяты перечной, 10 г зверобоя продырявленного, 10 г валерианы лекарственной, 10 г руты душистой, 10 г ромашки аптечной, 1 стакан воды.

Приготовление: 1 ст. л. сбора залить кипятком, кипятить 10 минут, охладить 15 минут и процедить.

Применение: принимать по 0,3 стакана 3 раза в день.

При сильных менструациях внутрь применяются такие рецепты:

1. Требуется: 20 г горца птичьего, 20 г крапивы двудомной, 400 мл воды.

Приготовление: 2 ст. л. сбора залить водой, настаивать 30 минут и процедить.

Применение: принимать по 0,5 стакана 3 раза в день.

2. Требуется: 25 г горца птичьего, 25 г пастушьей сумки, 0,5 л кипятка.

Приготовление: 2 ст. л. сбора залить кипятком, кипятить 10 минут, охладить 15 минут и процедить.

Применение: принимать по 0,5 стакана 2 раза в день (утром и вечером).

3. *Требуется:* 30 г пастушьей сумки обыкновенной, 30 г тысячелистника обыкновенного, 15 г коры дуба, 1 стакан кипятка.

Приготовление: 1 ст. л. сбора залить кипятком, кипятить 10 минут, настаивать 15 минут и процедить.

Применение: принимать по 0,5 стакана 2 раза в день (утром и вечером).

4. *Требуется:* 30 г тысячелистника обыкновенного, 30 г лапчатки гусиной, 30 г валерианы лекарственной, 1 стакан кипятка.

Приготовление: 2 ч. л. сбора залить кипятком, настаивать 30 минут и процедить.

Применение: принимать по 0,5 стакана 2 раза в день (утром и вечером).

5. *Требуется:* 20 г коры дуба, 10 г тысячелистника обыкновенного, 10 г шалфея лекарственного, 1 л кипятка, 2 ч. л. настоя индийского лука.

Приготовление: 2 ст. л. сбора залить кипятком, кипятить 10 минут, охладить 15 минут и процедить. Добавить настой индийского лука.

Применение: использовать в теплом виде для спринцеваний.

6. *Требуется:* 25 г горца птичьего, 15 г крапивы двудомной, 5 г коры дуба, 5 г ромашки аптечной, 1 л кипятка, 2 ч. л. настоя индийского лука.

Приготовление: 2 ст. л. сбора залить кипятком, кипятить 20 минут и процедить. Добавить настой индийского лука.

Применение: использовать в теплом виде для спринцеваний.

7. *Требуется:* 50 г коры дуба, 30 г крапивы двудомной, 20 г пастушьей сумки, 20 г горца птичьего, 1,3 л кипятка, 2 ч. л. настоя индийского лука, 0,75 л кипятка.

Приготовление: весь сбор залить кипятком, кипятить 20—25 минут и процедить. Полученный отвар разбавить 1 л кипяченой воды, добавить настой индийского лука.

Применение: использовать для спринцеваний.

Полип эндометрия

Полип эндометрия — это избыточное очаговое разрастание слизистой оболочки матки (эндометрия), которое выбухает из стенки матки в полость и иногда разрастается до влагалища. Часто полипы эндометрия встречаются на фоне избыточного разрастания эндометрия во всей полости матки.

Полип эндометрия по размерам может быть от нескольких миллиметров до нескольких сантиметров. Полипы имеют округлую или овальную форму, разделяются на тело и ножку, бывают единичными и множественными, располагаются на дне матки и в трубных углах матки. По структуре полип содержит ткань эндометрия (железистый полип) или фиброзную ткань (фиброзный полип). Причиной возникновения и развития полипов служит нарушение гормональной функции яичников, протекающей по типу избыточного образования эстрогенов и недостаточного образования прогестерона. Причем значение имеет не конкретное увеличение показателей уровня гормонов, а их разбалансированное соотношение в пользу эстрогенов на протяжении всего менструального цикла. Это приводит к разрастанию слизистой оболочки, и она не может полностью отторгнуться во время очередной менструации. Таким образом, в течение нескольких менструальных циклов формируется полип эндометрия.

К развитию полипов предрасположены женщины с синдромом поликистозных яичников, нарушением функции коры надпочечников, нарушениями жирового обмена, а также предрасположенные к артериальной гипертензии и сахарному диабету.

ГЛАВА 3

Основным и почти постоянным проявлением полипов эндометрия считаются нарушения менструального цикла. При полипах на фоне нормального менструального цикла отмечаются скудные межменструальные и предменструальные сукровичные выделения, а также увеличение менструальной кровопотери. Выделения могут носить не только кровянистый и сукровичный характер, но и проявляться в виде весьма обильных белей. У женщин репродуктивного возраста полипы эндометрия могут являться причиной возникновения ациклического кровотечения. Это особенно характерно для женщин с ановуляторными менструальными циклами. Нередко пациенток беспокоят боли схваткообразного характера, что наблюдается при больших (размером более 2 см) полипах. Боли считаются свидетельством образования полипа или отмирания его частей.

Иногда женщина самостоятельно может заподозрить наличие полипа эндометрия по перечисленным выше признакам, но чаще подобные предположения возникают у врача при проведении ульразвукового исследования. Достоверно определить наличие полипа эндометрия при ультразвуковом исследовании нельзя, можно только предположить. Тогда пациентка направляется на рентгенологическое исследование, но и оно может ничего не дать, поскольку полипы могут свободно перемещаться в полости матки, не прирастая к эндометрию.

В некоторых ситуациях для излечения от этого заболевания достаточно обычного антибактериального и противовоспалительного лечения в течение недели. В более тяжелых случаях необходимо гормональное лечение. А из фитосредств самым действенным считается настой цветов дуба. Фитотерапевтами накоплен многовековой опыт лечения этих и многих других женских болезней. Только благодаря народным средствам женщины могли вылечиться от заболеваний, которые существовали и тогда, и производить на свет здоровых детей.

Требуется: 2 ст. л. цвета дуба, 1 стакан кипятка.

Приготовление: сырье залить кипятком, прокипятить 5 минут, настоять 6 часов, процедить. Долить выкипевшую воду.

Применение: делать сидячие ванночки по 20 минут, добавляя в воду по 50 мл отвара.

Полипы пропадают за 4 процедуры. Если добавить к этим ванночкам 2 ст. л. настойки индийского лука, то он не только поможет сделать лечение более эффективным, но и устранит местное воспаление тканей.

ЗАБОЛЕВАНИЯ УХА, ГОРЛА, НОСА

Гайморит

Гайморит — воспаление слизистой оболочки верхнечелюстной (гайморовой) пазухи. Различают также воспаление других придаточных пазух носа: фронтит — воспаление лобной пазухи; этмоидит — воспаление решетчатого лабиринта и сфеноидит — воспаление клиновидной пазухи. Общее название воспаления пазух носа — синусит. Заболевание бывает одно- или двусторонним, с поражением всех придаточных пазух носа с одной или обеих сторон. По частоте поражения на первом месте находится верхнечелюстная пазуха, затем решетчатый лабиринт, лобная и клиновидная пазухи. Острый гайморит часто возникает во время острого насморка, гриппа, кори, скарлатины и других инфекционных заболеваний, а также вследствие заболевания корней четырех задних верхних зубов. Для синусита характерны ощущение напряжения или боли в пораженной пазухе, нарушение носового дыхания, выделения из носа, расстройство обоняния на пораженной стороне, светобоязнь и слезотечение. Боль часто разлитая, неопределенная или располагается в области лба, виска и возникает в одно и то же время дня. Может припухать щека и отекать верхнее или нижнее веко. Температура тела повышена, нередко бывает озноб.

Хронический гайморит развивается при повторных острых воспалениях и особенно часто при затянувшемся воспалении верхнечелюстных пазух, а также при хроническом насморке. Известную роль играют искривление носовой перегородки, врожденная узость носовых ходов. Инфекция, перешедшая с кариозного зуба, также с самого начала нередко имеет вялое хроническое течение.

Болные хроническим гайморитом жалуются на обильные выделения из носа. При затрудненном оттоке секрета из пазухи выделений из носа почти не бывает, и больные жалуются на сухость в глотке, отхаркивание большого количества мокроты по утрам, неприятный запах изо рта. Боли в области пораженной пазухи обычно не ощущается, но она может появиться при обострении процесса или затруднении оттока секрета. Нередки головная боль и расстройства со стороны нервной системы (быстрая утомляемость, невозможность сосредоточиться). При обострении могут наблюдаться припухлость щеки и отек век, иногда трещины и ссадины кожи у входа в нос. Течение заболевания длительное.

Поскольку индийский лук хорошо снимает боль и воспаление, он очень эффективен при гайморите.

Протрите соком листа снаружи гайморовы пазухи и нос. На следующий день сделайте ту же процедуру мятой перечной. И так чередуйте до конца лечения, длящегося 30 дней.

При гайморите полезно выжать сок из салатной свеклы и закапывать 6 раз в день по 5—7 капель, после чего переносицу и место под скулами натереть листом индийского лука. В первый же день исчезнет боль, начнет отторгаться гной. В среднем для полного излечения потребуется неделя.

При заложенном носе поможет ингаляция, для которой нужно готовить специальные средства. **Помните, что включать в состав ингаляционных сборов индийский лук не рекомендуется**, но если во время ингаляции натереть переносицу свежим листом или спиртовой настойкой индийского лука, лечебное действие усилится во много раз.

1. *Требуется:* 0,5 луковицы репчатого лука, 1 зубчик чеснока, 1 ст. л. меда.

Приготовление: лук натереть на терке или мелко порезать. Так же измельчить чеснок, смешать все с медом.

Применение: положить смесь в стакан и вдыхать в течение нескольких минут. Делать это следует 2—3 раза в день, каждый раз готовя новую смесь.

После ингаляции необходимо смазать переносицу соком индийского лука.

2. *Требуется:* 5 г эвкалипта, 0,5 л горячей воды, 5 г меда, 1 г соли.

Приготовление: эвкалипт залить горячей водой, добавить немного соли и меда. Дать смеси настояться, затем процедить и остудить до теплого состояния.

Применение: полученный настой следует втягивать поочередно каждой ноздрей утром и вечером до полного выздоровления, смазывая затем переносицу листом индийского лука. Это ускорит процесс лечения.

От сильной головной боли, сопровождающей гайморит, поможет следующая смесь:

Требуется: 1 ст. л. душицы, 0,5 л кипятка.

Приготовление: траву залить кипятком. Настоять, укутав, 30 минут, процедить.

Применение: принимать по 0,5—1 стакану 2—3 раза в день при головных болях. Индийским луком смазывать переносицу. **Противопоказано беременным женщинам.**

При высокой температуре тела можно воспользоваться следующими рецептами:

1. *Требуется:* по 0,5 стакана ягод шиповника, малины, смородины, 1 стакан кипятка, 1 ст. л. меда.

Приготовление: шиповник, малину и смородину положить в эмалированную кастрюлю, залить кипятком, добавить мед и дать настояться 15 минут. Затем процедить.

Применение: принимать 3 раза в день по 0,5 стакана перед едой. После приема средства смазать соком индийского лука переносицу.

2. *Требуется:* 1,5 стакана апельсинового сока, 1 стакан крепкого свежезаваренного чая, 2 плода гвоздики, щепотка корицы, 3 ст. л. сахара, 3 ст. л. меда, 2 лимона.

Приготовление: влить сок и чай в эмалированную кастрюлю, затем добавить сахар и мед, взятые в одинаковой пропорции, гвоздику и корицу. Слегка подогреть смесь на медленном огне (примерно до 60°С). Выжать сок из лимонов, смешать его с содержимым кастрюли, снова нагреть, не доводя до кипения.

Применение: принимать по 0,5 стакана 2 раза в день, одновременно смазывая переносицу соком индийского лука.

3. *Требуется:* 1 стакан чая, 2 ст. л. сиропа шиповника, 1 ст. л. меда, 1 ст. л. сахара, 2 г корицы, 2 семени гвоздики, 1 лимон, 1 л воды.

Приготовление: в эмалированной посуде смешать чай и сироп. На медленном огне довести смесь до температуры +80°С, но не кипятить. В другой посуде также на медленном огне в воду добавить сахар и мед, немного гвоздики и корицы, измельченный лимон вместе с кожурой. Прокипятить 10 минут, затем процедить и в горячем виде добавить к первой смеси. Все хорошо перемешать.

Применение: принимать по 0,5 стакана 3—4 раза в день в горячем виде. После приема средства необходимо натереть переносицу соком индийского лука.

Насморк

Насморк, или ринит, — это воспаление слизистой оболочки носа. Различают острый и хронический насморк. Острый насморк может быть самостоятельным заболеванием или симптомом острых инфекционных заболеваний (гриппа, кори, дифтерии и др.).

Предрасполагающим фактором развития насморка служит главным образом переохлаждение, реже причиной могут быть механические или химические раздражения. Острый насморк всегда двусторонний.

Вначале отмечаются легкое недомогание, ощущение сухости в носоглотке, зуд в носу. Носовое дыхание затрудняется, появляются чиханье, слезотечение, уменьшается обоняние, изменяется тембр голоса, наблюдаются обильные жидкие выделения из носа. В дальнейшем выделения становятся слизисто-гнойными, при повреждении мелких кровеносных сосудов — кровянистыми. Воспаление слизистой оболочки носа может распространиться и на другие отделы дыхательных путей, а также на придаточные пазухи, слезно-носовой канал, слуховую трубу, барабанную полость. При благоприятном течении через 12—14 дней исчезает заложенность носа, восстанавливается обоняние.

Причинами хронического насморка служат затянувшийся или повторяющийся острый насморк; длительное воздействие различных раздражителей — химических, термических, механических; раздражение слизистой оболочки носа гнойным секретом при заболеваниях придаточных пазух носа; длительное расстройство кровообращения в слизистой оболочке носа (пороки сердца, миокардиты, нефриты, эмфизема, бронхоэктазы, эндокринные заболевания).

При хроническом насморке отмечаются периодическая заложенность носа и постоянное обильное слизистое отделяемое. Обычно левая половина носа заложена при положении на левом боку, правая — на правом, носовое дыхание затруднено в положении лежа на спине. Общее состояние обычно не страдает.

Выделяют также аллергический насморк. Малейшее раздражение нервных окончаний полости носа (охлаждение, резкий запах и др.) ведет к бурной реакции слизистой оболочки полости носа. При сезонной форме насморка раздражителем может стать пыльца злаков. При круглогодичной форме раздражителями выступают бытовые аллергены (косметические средства, домашняя пыль, шерсть домашних животных и др.). Симптомы аллергического насморка возникают внезапно, появляется заложенность носа с обильными водянисто-слизистыми выделениями, чиханьем.

При хроническом насморке 5 г эвкалипта залить 2 стаканами горячей воды, добавить немного соли и меда. Дать смеси настояться, затем процедить и остудить до теплого состояния. Полученный настой следует втягивать поочередно каждой ноздрей утром и вечером до полного выздоровления, смазывая затем переносицу листом индийского лука. Это ускорит процесс лечения.

Избавиться от насморка можно и при помощи другого средства:

Требуется: 1 морковь, 1 ст. л. растительного масла, 1 ч. л. меда, 3 капли чесночного сока.

Приготовление: натереть на терке свежую морковь, отжать сок, смешать его с растительным маслом, медом, добавить чесночный сок.

Применение: закапывать в нос по нескольку капель 3—4 раза в день, вплоть до выздоровления.

При насморке, кашле и других болезнях дыхательных путей рекомендуется отварить в литровой кастрюле 3 ст. л.

сосновых почек и дышать над паром, укутавшись. После этого следует полежать в тепле, смазав переносицу индийским луком.

Отвар цветов первоцвета (20 г на 1 л воды или целое растение 40—60 г на 1 л воды) принимать при насморке и вообще при всех видах простудных болезней, связанных с недомоганиями горла и носа, а также для промывания ноздрей. Снаружи переносицу и крылья носа смазывать индийским луком.

1. *Требуется:* 1 редька, 1 ст. л. меда.

Приготовление: натереть на терке редьку, отжать из кашицы сок, добавить в него мед, довести до кипения, остудить.

Применение: принимать по 1 ст. л. 3—4 раза в день до полного излечения. При этом смазывать настойкой или соком индийского лука переносицу и крылья носа.

2. *Требуется:* 20 г ромашки аптечной, 20 г тысячелистника обыкновенного, 100 мл кипятка.

Приготовление: 10 г сбора залить кипятком, настаивать 15—20 минут и процедить.

Применение: по 6—8 капель закапывать в каждую ноздрю 3—4 раза в день при остром рините. Снаружи крылья носа и переносицу смазывать индийским луком.

3. *Требуется:* 15 г цветков календулы, 10 г коровяка, 250 мл воды.

Приготовление: травы залить водой, довести до кипения, настаивать 2 часа и процедить.

Применение: использовать в теплом виде для промывания обеих ноздрей 8 раз в день при остром рините. Снаружи смазывать настойкой индийского лука.

4. *Требуется:* 20 г листьев малины, 10 г календулы, 200 мл кипятка.

Приготовление: 15 г сбора залить кипятком, настаивать 15—20 минут и процедить.

Применение: при хроническом рините по 6—8 капель закапывать в каждую ноздрю, предварительно смазав переносицу и крылья носа индийским луком.

5. *Требуется:* 15 г тысячелистника обыкновенного, 10 г подорожника большого, 160 мл кипятка.

Приготовление: 15 г сбора залить кипятком, настаивать 15—20 минут и процедить.

Применение: при хроническом рините по 4—6 капель закапывать в каждую ноздрю 2—3 раза в день. Настойкой или соком индийского лука смазывать переносицу и крылья носа.

6. *Требуется:* 20 г эвкалипта, 20 г коровяка, 20 г крапивы двудомной, 120 мл кипятка.

Приготовление: 10 г сбора залить кипятком, настаивать 15—20 минут и процедить.

Применение: закапывать по 5—6 капель в каждую ноздрю 2—3 раза в день при хроническом рините. Более эффективно при одновременном использовании индийского лука для натирания переносицы и крыльев носа.

ЗАБОЛЕВАНИЯ БРОНХОЛЕГОЧНОЙ СИСТЕМЫ

Бронхиальная астма

Бронхиальная астма — это инфекционно-аллергическое заболевание, основными признаками которого служат приступы удушья, вызванные гиперреактивностью (повышенной реакцией на воздействие различных раздражителей) бронхов.

Заболевание известно с глубокой древности. Оно широко распространено в современном мире: от 4 до 10% взрослого населения планеты и 10—15% детей страдают бронхиальной астмой различной степени выраженности. Несмотря на четкое определение болезни, достаточно яркие симптомы и большие возможности функциональных методов исследования, бронхиальную астму часто диагностируют как различные формы бронхита и в результате неэффективно и неадекватно лечат курсами антибиотиков и противокашлевых препаратов. У 3 из 5 больных бронхиальную астму диагностируют на поздних стадиях болезни.

Бронхиальная астма — хроническое заболевание с преимущественным поражением дыхательных путей. Болезнь характеризуется измененным состоянием бронхов. Обязательным признаком становится приступ удушья и (или) астматический статус. При бронхиальной астме изменяется строение стенки бронхов, нарушается функция ресничек мерцательного эпителия, сам эпителий разрушается. В стенках бронхов происходит сбой микроциркуляции, что приводит к их склерозу. Все эти изменения приводят к формированию синдрома бронхиального спазма. Считают, что у 0,3% больных астма имеет наследственное происхождение.

Общепринятой классификации бронхиальной астмы не существует. Тем не менее, учитывая причины ее возникновения, можно выделить 2 большие группы: бронхиальная астма, вызванная внешними факторами, и астма, связанная внутренними факторами. Первый тип астмы называют аллергическим, второй — эндогенным (то есть внутреннего происхождения).

В возникновении аллергических форм астмы играют роль небактериальные (домашняя пыль, пыльца растений и др.) и бактериальные (бактерии, вирусы, грибы) аллергены. Наиболее изучены аллергические механизмы возникновения астмы. Причиной возникновения эндогенной астмы могут стать нарушения метаболизма аминокислот, эндокринные и нервно-психические расстройства. Выделяют также астму физического усилия, при которой нарушается процесс теплоотдачи с поверхности дыхательных путей. Известны случаи полного излечивания от астмы, когда в жизни человека происходили благоприятные события, исчезали стрессообразующие факторы. Достаточно часто приступы астмы снимаются внушением или гипнозом.

Чаще заболевание начинается приступообразным кашлем, сопровождающимся одышкой с отхождением небольшого количества стекловидной мокроты. Развернутая картина бронхиальной астмы характеризуется появлением легких, средней тяжести или тяжелых приступов удушья. Приступ может начинаться предвестниками (такими как обильное выделение водянистого секрета из носа, чиханье, приступообразный кашель, и т. п.).

Сам приступ характеризуется коротким вдохом и удлиненным выдохом, сопровождающимся слышными на расстоянии хрипами. Грудная клетка находится в положении максимального вдоха.

В дыхании принимают участие мышцы плечевого пояса, спины, брюшной стенки. В легких выслушивается множество сухих хрипов. Приступ, как правило, заканчивается отделением вязкой мокроты. Тяжелые затяжные приступы могут перейти в астматический статус — один из наиболее грозных вариантов течения болезни.

Во время астматического статуса бронхи не реагируют на бронхорасширяющие препараты. Статус может возникнуть при передозировке симпатомиметических препаратов, при инфекции дыхательных путей, неблагоприятных метеорологических факторах, вследствие быстрой отмены кортикостероидов. Вначале перестает отходить мокрота, появляется боль в мышцах плечевого пояса, грудной клетке и в области брюшного пресса. Усиленное дыхание способствует потере влаги с выдыхаемым воздухом, что приводит к увеличению вязкости мокроты и закупорке просвета бронхов вязким секретом. Затем состояние больных ухудшается, появляются выраженные хрипы, слышимые на расстоянии, грудная клетка раздувается. Учащается пульс, и повышается артериальное давление. В последней стадии нарастают одышка и цианоз, резкое возбуждение сменяется потерей сознания, возможны судороги, артериальное давление резко снижается.

Болезнь течет часто циклически: фаза обострения сменяется фазой ремиссии. Бронхиальная астма может осложниться эмфиземой легких, нередко присоединяется инфекционный бронхит, при длительном и тяжелом течении болезни развивается сердечная недостаточность.

По степени тяжести бронхиальную астму подразделяют на легкую, среднюю и тяжелую. При легкой степени тяжести развернутые приступы удушья отсутствуют. Кратковременные признаки бронхоспазма отмечаются 1—2 раза в неделю.

От дыхательного дискомфорта больные просыпаются по ночам нечасто, 1—2 раза в месяц. При среднетяжелой форме приступы удушья случаются чаще 2 раз в неделю. Увеличивается и количество ночных приступов — более 2 в месяц. Даже в период между приступами необходимо принимать лекарственные препараты. Тяжелая форма заболевания предполагает частые приступы, носящие затяжной характер, нередко опасные для жизни.

Индийский лук поможет в лечении бронхиальной астмы. Одной из причин возникновения заболевания считаются патологические изменения, происходящие в стенке бронхов.

Индийский лук улучшает питание тканей. Кроме того, он незаменим как прогревающее средство. ***Однако прежде, чем воспользоваться индийским луком, необходимо посоветоваться с врачом и проводить адекватное медикаментозное лечение под его постоянным наблюдением.***

При бронхиальной астме можно пожевать, но не глотать лист индийского лука.

В качестве одного из компонентов комплексного лечения астмы с давних пор служит масло календулы.

Масло из календулы

Требуется: банка цветков календулы емкостью 0,5 л, 1 л льняного масла.

Приготовление: слегка подсушенные цветки растения залить маслом, подогретым на водяной бане до +40°С. Цветки настаивать в темном месте не менее 1 месяца. После этого масло нужно процедить, отжав цветы.

Применение: 2 раза в день утром и перед сном, запрокинув голову назад, закапать в каждую ноздрю по 10 капель масла.

После закапывания положить на переносицу лист индийского лука и держать 1—2 минуты. Масло можно принимать и внутрь по 1 ч. л. перед сном.

Также при астме полезно делать аппликации с прогревающим эффектом на грудь и спину. Накладывать их следует в виде небольших пластырей на ограниченные участки кожи: в ключичную ямку, под мышки, на грудь под правый сосок.

Эти участки наиболее чувствительны, там много нервных окончаний и сосудов, близко подходящих к коже.

Средство необходимо использовать осторожно, поскольку при наличии противопоказаний оно может существенно усложнить ситуацию.

Чесночный пластырь

Требуется: несколько зубчиков чеснока, 1 лист индийского лука.

Приготовление: каждый зубчик чеснока разрезать вдоль пополам, лист также разрезать по всей длине и нарубить кусочками по 4—5 см.

Половинки зубчиков переложить кусочками листа и шинковать вместе, чтобы сок перемешался.

Пропустить смесь через пресс для чеснока и снова перемешать. Должна получиться сочная однородная кашица.

Применение: массу следует накладывать на тонкий ватный или целлюлозный тампон и приклеивать пластырем на грудь. Будет ощущаться сильное жжение. Спустя не более чем 7 минут тампоны снять.

Пластырь с редькой

Требуется: 100 мл настойки индийского лука, 10 г редьки.

Приготовление: в настойку индийского лука на 5 дней положить натертую на терке редьку.

Применение: составом можно натирать грудь и спину перед душем.

Ингаляция с травами

Требуется: 25 г багульника, 15 г крапивы жгучей, 10 г индийского лука, 1 л кипятка.

Приготовление: все мелко порезать, смешать. Заварить смесь кипятком, настаивать, укутав, 1 час, затем подогреть, не доводя до кипения.

Применение: вдыхать пар настоя, укрыв голову и плечи одеялом. Применять при бронхиальной астме, простуде. В народе считают, что после двухнедельного применения этого состава начинающаяся астма проходит.

Хвойная ингаляция

Требуется: 1 часть сосновых почек, 1 часть подорожника, 1 часть травы мать-и-мачехи, 1 стакан холодной воды, 1 лист индийского лука.

Приготовление: засыпать 4 ч. л. смеси в холодную воду. Настоять 2 часа. Затем кипятить 5 минут, настоять 15 минут, процедить.

Применение: вдыхать так же, как в предыдущем рецепте, предварительно смазав листом индийского лука переносицу, шею и грудь. После 10—15-минутной ингаляции выпить эту дозу в течение дня в 3 приема. Применяется при бронхиальной астме, коклюше, бронхоэктазии.

Ингаляция с бузиной сибирской

Требуется: цветки бузины, трава росянки, лист подорожника, трава фиалки трехцветной, индийский лук в равных частях, 1 стакан кипятка.

Приготовление: 4 ч. л. измельченного сбора залить кипятком, кипятить несколько минут.

Применение: настой сразу использовать для ингаляции, которая хорошо помогает при бронхиальной астме, бронхите и бронхоэктазиях.

Ингаляция с мать-и-мачехой

Требуется: 4 ч. л. листьев мать-и-мачехи, 1 стакан кипятка, 1 лист индийского лука.

Приготовление: сырье заварить кипятком, настоять 15 минут.

Применение: в качестве ингалянта. Перед ингаляцией смазывать индийским луком переносицу, шею и грудь. Затем навар процедить. Пить по 0,25 стакана 4 раза в день.

Приведу еще несколько рецептов, помогающих при бронхиальной астме.

1. *Требуется:* 1 часть сосновых почек, 1 часть листьев подорожника, 1 часть листьев мать-и-мачехи, 1 стакан воды.

Приготовление: 4 ч. л. смеси настоять 2 часа в стакане холодной воды. Кипятить 5 минут, процедить.

Применение: в течение дня за 3 приема нужно выпить 1 стакан, предварительно натерев грудную клетку настойкой индийского лука.

2. Порошок желтушника левкойного следует принимать 3 раза в день в сухом виде, запивая отваром. При этом натирать индийским луком переносицу и грудь.

Требуется: 1 ч. л. семян крапивы, 1 ст. л. семян просвирника, 600 мл кипятка.

Приготовление: взять семена крапивы и просвирника, на котором образовались колечки, залить кипятком. Поставить на медленный огонь на 15 минут. Укутать отвар, настаивать 2 часа. Затем процедить.

Применение: принимать за 1 час до еды или через 1 час после по 100 мл 3—4 раза в день, натирая перед употреблением листом индийского лука переносицу и грудь.

3. *Требуется:* 1 стакан отвара багульника, 0,5 стакана отвара крапивы жгучей малой, 5 ст. л. эвкалиптовой настойки индийского лука.

Приготовление: все перемешать. Влить в ванну, добавив по желанию соли для ванн.

Применение: при бронхиальной астме, простуде, ревматизме, кашле.

4. Отвар из семян аниса (15—20 г на 1 л воды) пьют ежечасно по 30—50 мл (винная рюмка) как средство, разжижающее мокроту и отхаркивающее, и при астматических приступах. Одновременно грудную клетку натирают соком из листьев индийского лука.

5. *Требуется:* 25 г багульника, 1 л кипятка.

Приготовление: багульник залить кипятком, настоять, укутав, 3 часа, процедить.

Применение: принимать по 0,5 стакана 5—6 раз в день. Считается, что такой чай дает не только временное облегчение при мучительном кашле и одышке, но и излечивает при длительном (2 недели) пользовании им. Для такого противоастматического чая хорошо добавить при заварке 5 г мелко порезанных листьев крапивы малой. Этот чай выпивают за целый день, а вечером снова заготовляют порцию на следующий день. Совместно с чаем используют настойку индийского лука. Ею натирают грудную клетку во время несильных приступов бронхиальной астмы.

6. *Требуется:* 40 г эфедры, 20 г ромашки аптечной, 60 г березовых почек, 20 г багульника, 0,5 л кипятка.

Приготовление: все измельчить, хорошо смешать, 2 ст. л. смеси залить кипятком. Настоять, укутав, 5—6 часов, процедить.

Применение: принимать по 0,5 стакана 3 раза в день до еды, в теплом виде, затем смазать грудную клетку и спину настойкой индийского лука.

7. В народе употребляют спиртовую настойку индийского лука и бедренца при грудных болезнях, особенно при кашле. Средство это хорошо проверено и очень эффективно. Применять для натирания.

8. *Требуется:* 1 часть сосновых почек, 1 часть листьев подорожника, 1 часть листьев мать-и-мачехи, 1 стакан воды.

Приготовление: 4 ч. л. смеси настоять в холодной воде 2 часа. Затем кипятить 5 минут, настоять 15 минут, процедить.

Применение: выпить в течение дня в 3 приема. Вместе с настоем используйте настойку индийского лука для смазывания грудной клетки.

9. *Требуется:* 10 г чабреца, 10 г мать-и-мачехи, 10 г фиалки трехцветной, 10 г девясила, 10 г плодов аниса, 1 л воды.

Приготовление: 6 ст. л. смеси кипятить 10 минут, укутать на 1 час. Когда отвар остынет, его следует процедить.

Применение: использовать вместе с настойкой индийского лука для смазывания грудной клетки и спины.

10. *Требуется:* 1 часть сосновых почек, 1 часть листьев подорожника, 1 часть листьев мать-и-мачехи, 1 стакан воды.

Приготовление: 4 ч. л. смеси настоять 2 часа в холодной воде. Кипятить 5 минут, процедить.

Применение: выпить в течение дня за 3 приема, сочетая с натиранием грудной клетки и спины настойкой индийского лука.

11. *Требуется:* 3 части багульника болотного, 2 части крапивы двудомной, 2 части солодки, 1 л кипятка.

Приготовление: 70 г смеси залить кипятком, настаивать ночь в теплом месте (можно в термосе), утром выдержать 25 минут на водяной бане при слабом кипении воды, процедить.

Применение: принимать по 0,5 стакана 5—6 раз в день до улучшения дыхания (1—2 дня), переходя затем на прием столовыми ложками. При натирании настойкой индийского лука грудной клетки использование напара более эффективно.

12. *Требуется:* 1 часть мяты перечной, 1 часть солодки, 1 часть плодов тмина, 1 часть ромашки аптечной, 1 часть череды трехраздельной, 0,3 л воды.

Приготовление: 1 ст. л. смеси залить холодной кипяченой водой, выдержать 30 минут на кипящей водяной бане, настоять 30 минут, процедить.

Применение: принимать по 50—100 мл 4 раза в день, одновременно смазывая грудную клетку и спину настойкой индийского лука.

13. *Требуется:* 1 часть корня солодки, 1 часть череды, 1 часть полевого хвоща, 1 часть плодов шиповника, 1 часть цветков бессмертника, 1 часть корней девясила, 1 часть шишек ольхи, 1 часть корней одуванчика и лопуха, 1 стакан кипятка.

Приготовление: 5 г смеси залить кипятком, нагреть на водяной бане 15 минут, настаивать 45 минут.

Применение: принимать по 50 мл 3—4 раза в день до еды. Использовать совместно с настойкой индийского лука. Настойкой натирать грудную клетку.

14. *Требуется:* 20 г клевера лугового, 20 г вероники длиннолистной, 10 г багульника болотного, 10 г череды, 1 стакан кипятка.

Приготовление: 1 ст. л. сбора залить кипятком, настаивать в течение 1 часа и процедить.

Применение: принимать по 0,25 стакана 3—4 раза в день. Одновременно натирать грудную клетку и спину настойкой индийского лука.

15. *Требуется:* 15 г дягиля лекарственного, 15 г татарника колючего, 15 г вербены лекарственной, 15 г аниса обыкновенного, 1 стакан воды, 4 ст. л. настойки индийского лука.

Приготовление: 1 ст. л. сбора залить 1 стаканом воды, кипятить 10 минут, охладить и процедить, добавить настойку индийского лука.

Применение: смесью натирают грудную клетку и спину.

16. *Требуется:* 10 г цветков просвирника лесного, 10 г багульника, 10 г фиалки трехцветной, 10 г синеголовника плосколистного, 400 мл кипятка.

Приготовление: 1 ст. л. сбора залить кипятком, настаивать 2 часа и процедить.

Применение: принимать по 0,25 стакана 3—4 раза в день, натирая грудную клетку настойкой индийского лука.

17. *Требуется:* 15 г вереска обыкновенного, 15 г иссопа лекарственного, 15 г татарника колючего, 15 г душицы обыкновенной, 1 стакан кипятка.

Приготовление: 1 ст. л. сбора залить кипятком, настаивать в течение 1 часа и процедить.

Применение: принимать по 0,5 стакана 3 раза в день, смазывая шею, грудь и спину настойкой индийского лука.

18. *Требуется:* 10 г корня дягиля лекарственного, 10 г солодки голой, 10 г корней бедренца, 10 г тимьяна ползучего, 1 стакан воды.

Приготовление: 1 ст. л. сбора залить стаканом воды, кипятить 15 минут, охладить и процедить.

Применение: принимать по 0,25 стакана 3—4 раза в день. Наружно применять настойку индийского лука.

19. *Требуется:* 30 г котовника кошачьего, 30 г манжетки обыкновенной, 15 г укропа душистого, 15 г мать-и-мачехи, 1 стакан кипятка, 4 ст. л. настойки индийского лука.

Приготовление: 1 ст. л. сбора залить кипятком, настаивать 2 часа и процедить. Добавить настойку индийского лука.

Применение: для натираний грудной клетки.

20. *Требуется:* 20 г цветков коровяка, 20 г аниса обыкновенного, 20 г алтея лекарственного, 10 г корня девясила высокого, 10 г душицы обыкновенной, 1 стакан воды, 4 ст. л. настойки индийского лука.

Приготовление: 1 ст. л. сбора залить водой, кипятить 1—2 минуты, настаивать в течение 1 часа и процедить. Добавить настойку индийского лука.

Применение: полученным отваром натирать грудную клетку и спину.

21. *Требуется:* 15 г листьев подорожника большого, 15 г почек березы, 15 г тимьяна ползучего, 15 г череды трехраздельной, 15 г багульника, 1 стакан воды.

Приготовление: 20 г сбора залить стаканом воды, нагреть на кипящей водяной бане 15 минут, охладить 45 минут, процедить и добавить кипяченую воду до первоначального объема.

Применение: принимать по 0,3 стакана 3 раза в день. Настойкой индийского лука смазывать грудную клетку.

22. *Требуется:* 20 г плодов фенхеля, 20 г плодов аниса, 20 г корня солодки голой, 20 г сосновых почек, 20 г тимьяна ползучего, 200 мл воды.

Приготовление: 10 г сбора залить водой, нагреть на кипящей водяной бане 15 минут, охладить 45 минут, процедить и довести количество настоя до первоначального объема.

Применение: принимать по 0,25—0,3 стакана 3 раза в день. Одновременно наружно использовать настойку индийского лука.

23. *Требуется:* 15 г фиалки трехцветной, 15 г мать-и-мачехи, 15 г тимьяна ползучего, 15 г девясила высокого, 15 г плодов аниса, 1 стакан кипятка.

Приготовление: 1 ст. л. сбора залить кипятком, настаивать 2 часа и процедить.

Применение: принимать по 0,25—0,3 стакана 3 раза в день. Данным составом можно проводить ингаляции. Перед ингаляцией рекомендуется натереть грудную клетку настойкой или свежим соком индийского лука.

24. *Требуется:* 30 г корня солодки голой, 30 г почек сосны обыкновенной, 30 г мать-и-мачехи, 15 г укропа душистого, 15 г алтея лекарственного, 15 г багульника, 15 г череды трехраздельной, 200 мл воды, 4 ст. л. настойки индийского лука.

Приготовление: 20 г сбора залить водой, нагреть на кипящей водяной бане 15 минут, охладить 45 минут, процедить и добавить настойку индийского лука.

Применение: использовать для натирания грудной клетки.

25. *Требуется:* 15 г алтея лекарственного, 15 г плодов фенхеля, 15 г фиалки трехцветной, 15 г корня солодки, 15 г мать-и-мачехи, 15 г плодов аниса, 15 г багульника, 1 стакан воды.

Приготовление: 2 ст. л. сбора залить водой, нагреть на кипящей бане 15 минут, охладить 45 минут, процедить и добавить кипяченую воду до первоначального объема.

Применение: принимать по 0,25 стакана 3 раза в день. Настойкой индийского лука натирать грудную клетку и спину.

26. *Требуется:* 10 г фиалки трехцветной, 10 г подорожника большого, 10 г багульника, 10 г корня девясила высокого, 10 г мать-и-мачехи, 10 г корня солодки голой, 10 г календулы, 10 г мяты перечной, 10 г ромашки аптечной, 10 г плодов аниса обыкновенного, 200 мл воды.

Приготовление: 10 г сбора залить водой, нагреть на кипящей водяной бане 15 минут, охладить 45 минут, процедить и довести кипяченой водой количество настоя до первоначального объема.

Применение: принимать по 0,25—0,3 стакана 3 раза в день. Наружно для натирания грудной клетки пользуются настойкой индийского лука.

Бронхит

Бронхит представляет собой воспалительное заболевание бронхов, часто возникающее вследствие осложнения острых респираторных болезней. Это одно из наиболее распространенных заболеваний органов дыхания в мире. Бронхит может быть острым и хроническим.

Острый бронхит — это диффузное острое воспаление бронхов. Причиной заболевания чаще являются вирусы (вирусы гриппа, парагриппозные, аденовирусы, респираторно-синцитиальные, коревые, коклюшные и др.), бактерии (стафилококки, стрептококки, пневмококки и др.);

физические и химические факторы (сухой, холодный, горячий воздух, окислы азота, сернистый газ и др.). Предрасполагают к бронхиту переохлаждение, курение, употребление алкоголя, хроническая очаговая инфекция в области носоглотки, нарушение носового дыхания, деформация грудной клетки.

Повреждающий агент проникает в трахею и бронхи с вдыхаемым воздухом, с помощью крови или лимфы. Острое воспаление бронхиального дерева может сопровождаться нарушением бронхиальной проходимости отечно-воспалительного или спастического механизма. Характерно покраснение и набухание слизистой оболочки; на стенках бронхов в их просвете скапливается слизистый, слизисто-гнойный или гнойный секрет; возникают дегенеративные изменения реснитчатого эпителия. При тяжелых формах воспалительный процесс захватывает не только слизистую оболочку, но и глубже лежащие ткани стенки бронхов.

Заболевание проявляется характерными симптомами. Бронхит, вызванный инфекционной причиной, нередко начинается на фоне острого воспаления носа, гортани. При легком течении возникают саднение за грудиной, сухой, реже влажный кашель, чувство разбитости, слабость. Данных, говорящих в пользу острого бронхита, в это время мало, над легкими могут определяться жесткое дыхание, сухие хрипы. Температура тела слегка повышена или нормальная. Состав периферической крови не меняется. Такое течение наблюдается чаще при поражении трахеи и крупных бронхов.

При среднетяжелом течении значительно выражены общее недомогание, слабость, характерны сильный сухой кашель с затруднением дыхания и одышкой, боль в нижних отделах грудной клетки и брюшной стенки, связанная с перенапряжением мышц при кашле.

Кашель постепенно становится влажным, мокрота приобретает слизисто-гнойный или гнойный характер.

Над поверхностью легких выслушиваются жесткое дыхание, сухие и влажные хрипы. Температура тела остается в течение нескольких дней повышенной. Выраженных изменений состава периферической крови нет. Тяжелое течение болезни наблюдается, как правило, при преимущественном поражении самых мелких бронхов. Острые симптомы болезни стихают к 4-му дню и при благоприятном исходе полностью исчезают к 7-му дню. Острый бронхит с нарушением бронхиальной проходимости имеет тенденцию к затяжному течению и переходу в хронический процесс.

Тяжело протекают острые бронхиты токсико-химической природы. Болезнь начинается с мучительного кашля с выделением слизистой или кровянистой мокроты, быстро присоединяется бронхоспазм, выслушиваются сухие свистящие хрипы, и прогрессирует одышка (вплоть до удушья), нарастает дыхательная недостаточность и гипоксия.

Хронический бронхит представляет собой прогрессирующее воспаление бронхов, проявляющееся кашлем. О хроническом характере процесса принято говорить, если кашель продолжается не менее 3 месяцев в году в течение 2 лет подряд. Хронический бронхит — самая распространенная форма хронических неспецифических заболеваний легких, имеющая в последнее время тенденцию к учащению.

Заболевание связано с длительным раздражением бронхов различными вредными факторами (курением, вдыханием воздуха, загрязненного пылью, дымом, окисью углерода, сернистым ангидридом, окислами азота и другими химическими соединениями) и повторяющейся респираторной инфекцией (главная роль принадлежит респираторным вирусам, палочке Пфейффера, пневмококкам), реже возникает при муковисцидозе, ферментной β-антитрипсиновой недостаточности.

Предрасполагающими факторами являются хронические воспалительные и нагноительные процессы в легких, хронические очаги инфекции в верхних дыхательных путях, снижение иммунитета, наследственные факторы. К основным механизмам развития хронического бронхита относятся гипертрофия и гиперфункция бронхиальных желез с усилением секреции слизи, что повышает вязкость мокроты.

В этих условиях реснитчатый эпителий не обеспечивает опорожнения бронхиального дерева, дренирование бронхов происходит лишь при кашле. Нарушение дренажной функции бронхов способствует возникновению инфекции, активность и рецидивы которой в значительной степени зависят от местного иммунитета бронхов.

При тяжелом течении отечный эпителий и вязкая мокрота перекрывают просвет бронхов. В легких появляются участки, до которых не доходит кислород, вследствие чего происходит кислородное голодание.

Для хронического бронхита характерно постепенное начало. Первым симптомом служит утренний кашель с отделением слизистой мокроты.

Постепенно кашель начинает возникать и ночью и днем, усиливаясь в холодную погоду, с годами он становится постоянным.

Количество мокроты увеличивается, она перерождается в слизисто-гнойную или гнойную. Появляется и прогрессирует одышка.

В период обострения хронического бронхита может развиться бронхоспазм. Типичны частые обострения, особенно в периоды холодной сырой погоды: усиливаются кашель и одышка, увеличивается количество мокроты, появляются недомогание, потливость по ночам, быстрая утомляемость.

Температура тела нормальная или слегка повышена, могут определяться сухие хрипы над всей поверхностью легких. Течение хронического бронхита часто осложняется развитием эмфиземы легких. В начальной стадии заболевания поражаются крупные бронхи. В этот период возникают обострения, сопровождающиеся кашлем с выделением большого количества гнойной или слизисто-гнойной мокроты. По мере вовлечения в процесс заболевания мелких бронхов наступает выраженное нарушение бронхиальной проводимости (обструктивный бронхит), развивается одышка, которая впоследствии становится постоянной.

Полного выздоровления при хроническом бронхите добиться сложно. Значительно облегчает состояние больных стремление к здоровому образу жизни. Если бросить курить, эпителий бронхов восстанавливается спустя несколько месяцев. Это значительно улучшает вентиляцию легких.

При бронхите можно применять компрессы и травные горчичники.

1. *Требуется:* 0,5 стакана порошка горчицы, 1 л воды, 2 ч. л. меда, 0,5 средней луковицы индийского лука.

Приготовление: горчицу залить горячей водой, добавить мед и протертый индийский лук, перемешать.

Применение: махровое полотенце смочить полученным средством, слегка отжать и положить на грудь, избегая области сердца. Сверху прикрыть полотенце пленкой и шерстяным платком. Через 30 минут компресс следует снять. Кожу слегка вытереть. Некоторое время нужно оставаться укрытым.

2. *Требуется:* несколько зубчиков чеснока, 10 г красного молотого перца, 1 лист индийского лука, 50 мл водки.

Приготовление: чеснок растереть со щепотью красного молотого перца и листом индийского лука. Кашицу замочить в водке так, чтобы слой жидкости слегка закрывал слой твердой смеси. Затем все вместе подогреть на водяной бане.

Применение: распаренную кашицу прикладывать в виде пластырей, водкой и индийским луком натирать грудь.

При хроническом бронхите значительного улучшения состояния помогают добиться следующие средства.

1. *Требуется:* 100 г липового меда, 100 г несоленого сливочного масла, 100 г свиного нутряного сала, 2 ст. л. порошка какао.

Приготовление: растопить на медленном огне мед, масло и сало. Не доводя до кипения, снять кастрюлю с огня, добавить какао. Хорошо перемешать. Смесь настаивать в течение суток в темном прохладном месте.

Применение: принимать утром и вечером перед едой по 1 ст. л., предварительно растворив в стакане горячего молока. Настойкой индийского лука при этом натирать грудь. Курс лечения 1 месяц. Хранить лекарство следует в холодильнике в герметично закрытой посуде.

2. *Требуется:* 500 г меда, 250 г молотого черного кофе, 20 листиков смородины.

Приготовление: листья измельчить, смешать с остальными ингредиентами.

Применение: принимать в течение 20 дней 3 раза в день перед едой, примерно по 1 ст. л. Настойка индийского лука при этом используется наружно.

3. *Требуется:* 1 стакан меда, 1 ст. л. сливочного масла, 2 ст. л. хрена, 2 ст. л. чеснока, 2 г порошка горчицы.

Приготовление: мед смешать с маслом, добавить хрен, чеснок и горчицу. Все перемешать.

Применение: принимать по ст. л. за 1 час до еды. Курс лечения — 2 месяца.

При астматических бронхитах рекомендуется также смесь из травы эфедры, аптечной ромашки, березовых почек и травы багульника.

1. *Требуется:* 40 г эфедры, 20 г ромашки аптечной, 60 г березовых почек, 20 г багульника, 0,5 л кипятка.

Приготовление: все измельчить, хорошо смешать. Залить 2 ст. л. смеси кипятком. Укутать на несколько часов, затем остудить и процедить.

Применение: принимать по 0,5 стакана 3 раза в день до еды в теплом виде, предварительно натерев грудь индийским луком.

2. *Требуется:* 1 ст. л. меда, 1 ст. л. сливочного масла, 1 стакан молока.

Приготовление: все перемешать, когда смесь настоится в течение нескольких часов, ее можно использовать для приема внутрь.

Применение: принимать следует 2 раза в день до полного выздоровления. Перед приемом смеси рекомендуется натирать грудную клетку индийским луком.

В виде отвара при бронхитах используют следующую смесь.

Требуется: 2 г копытня, 3 г будры, 2 г репейника, 0,5 л воды.

Приготовление: 2 ст. л. смеси кипятить 10 минут и затем парить на водяной бане 20 минут, процедить.

Применение: пить мелкими глотками не больше 2 чашек в день, предварительно смазав индийским луком грудь и спину.

При сильных бронхитах полезен чай из мать-и-мачехи (5 г), цветов черной бузины (5 г) и спорыша (5 г). Одновременно используют настойку индийского лука для натирания грудной клетки.

При бронхитах и других заболеваниях дыхательных путей эффективен напар из лекарственных растений.

Требуется: по 1 части листьев и цветов мать-и-мачехи, сухих корней окопника, липового цвета, цветов бузины черной, корневищ пырея, цветов коровяка, 1 стакан кипятка.

Приготовление: 1 ст. л. с верхом смеси залить кипятком. Настаивать 2—3 часа.

Применение: выпить напар в течение дня. Перед приемом напара грудную клетку натереть настойкой индийского лука.

Напар из первоцвета лекарственного, иногда отвар (30—40 г корней на 1 л воды) принимают как отхаркивающее средство по 0,5 стакана 2—3 раза в день при сухом кашле и бронхитах.

Полезно одновременное натирание грудной клетки индийским луком.

Вот еще несколько рецептов, которые помогут вам при заболеваниях дыхательных путей.

1. *Требуется:* 5 г листьев мать-и-мачехи, 5 г цветков бузины черной, 5 г спорыша, 1 стакан кипятка, 3 ст. л. сока индийского лука.

Приготовление: смесь заварить кипятком. Настоять, укутав, 1 час, процедить и добавить сок индийского лука.

Применение: полученной смесью делать натирания грудной клетки.

2. *Требуется:* 2 части листьев мать-и-мачехи, 2 части душицы, 1 часть ромашки, 0,5 л кипятка.

Приготовление: 2 ст. л. измельченной смеси заварить кипятком. Настоять, укутав, 5—6 часов, процедить.

Применение: принимать по 0,5 стакана 3 раза в день перед едой в теплом виде, предварительно натерев грудь настойкой индийского лука.

3. *Требуется:* 3 части багульника, 2 части крапивы двудомной, 2 части корня солодки, 1 л кипятка.

Приготовление: 70 г смеси залить кипятком, настаивать ночь в теплом месте (можно в термосе), утром выдержать 25 минут на водяной бане при слабом кипении воды, процедить.

Применение: принимать по 0,5 стакана 5—6 раз в день до улучшения дыхания (1—2 дня), переходя затем на прием столовыми ложками. При этом натирать грудную клетку индийским луком.

4. *Требуется:* 1 часть корня солодки, 1 часть корня фиалки, 4 части тимьяна, 1 л кипятка.

Приготовление: приготовить по общим правилам приготовления настоя.

Применение: принимать 1 стакан настоя за день в 4 приема, натирая перед приемом грудную клетку и спину настойкой индийского лука.

5. *Требуется:* 1 часть мяты перечной, 1 часть корня солодки голой, 1 часть плодов тмина обыкновенного, 1 часть ромашки, 0,3 л воды.

Приготовление: 1 ст. л. смеси залить холодной кипяченой водой, выдержать 30 минут на кипящей водяной бане, настоять 30 минут, процедить.

Применение: принимать по 50—100 мл 4 раза в день. Одновременно натирать грудную клетку соком индийского лука.

6. *Требуется:* 1 ст. л. душицы обыкновенной, 1 ст. л. плодов малины, 1 ст. л. меда, 1 ст. л. земляники садовой, 0,5 л кипятка.

Приготовление: все ингредиенты измельчить, перемешать, 4 ст. л. смеси залить кипятком и дать настояться в течение нескольких часов.

Применение: принимать в теплом виде по 0,5 стакана 4 раза в день до полного излечения. Перед приемом натирать грудную клетку настойкой индийского лука.

7. *Требуется:* 10 г лепестков дикого мака, 10 г корня бедренца, 0,5 л кипятка.

Приготовление: сырье залить кипятком, пропарить в течение ночи.

Применение: с утра и в течение дня пить по большому глотку ежечасно. Полезно вместе с приемом напара натирать грудную клетку индийским луком.

8. *Требуется:* 4 части багульника, 1 часть березовых почек, 2 части душицы, 2 части крапивы двудомной, 0,5 л кипятка.

Приготовление: все измельчить, хорошо смешать. Взять 2 ст. л. смеси, залить кипятком, кипятить 10 минут. Настоять, укутав, 30 минут, процедить.

Применение: принимать при хронических бронхитах по 0,3 стакана 3 раза в день после еды, предварительно натирать грудь и спину индийским луком.

9. *Требуется:* 1 стакан очищенных кедровых орехов, 1 стакан сахара, 1 стакан водки.

Приготовление: орехи (не жарить их и не мыть) завернуть в полотенце, хорошенько растереть и положить в стеклянную банку. Добавить сахар и водку, плотно закрыть крышкой. Первые 3 дня периодически взбалтывать, чтобы сахар не оседал. Средство следует выдержать 10 дней — до полного растворения сахара.

Применение: принимать несколько раз в день по 1 ч. л., одновременно натирая грудную клетку настойкой индийского лука. После приема примерно 10 минут не пить и не есть. Это средство помогает вылечить хронический бронхит с астматическим синдромом.

При обострении хронического бронхита можно рекомендовать следующую смесь растений.

1. *Требуется:* по 1 части травы донника и чабреца, плодов фенхеля, листьев мяты, по 2 части листьев подорожни-

ка, корней алтея, по 4 части травы медуницы, листьев мать-и-мачехи, 1 стакан воды.

Приготовление: 3 г смеси (1 ч. л.) залить холодной водой, настаивать 2 часа, кипятить 5 минут, отжать.

Применение: принимать в течение дня глотками. Вместе с отваром использовать настойку индийского лука для натираний.

2. *Требуется:* по 2 части листьев мать-и-мачехи, цветков ромашки, по 1 части листьев березы, травы багульника, душицы, 0,5 л кипятка.

Приготовление: 10 г смеси залить кипятком, кипятить 10 минут, настаивать 30 минут, отжать.

Применение: принимать по 0,3 стакана 3 раза в день во время еды. Наружно применяется настойка индийского лука для натирания грудной клетки.

3. *Требуется:* 4 части корней алтея, по 2 части корней солодки, листьев мать-и-мачехи, по 1 части плодов фенхеля, цветков коровяка, 1 стакан воды.

Приготовление: 3 г смеси (1 ч. л.) залить стаканом холодной воды, настаивать 2 часа, кипятить 5 минут, отжать.

Применение: принимать в течение дня мелкими глотками. Грудную клетку смазывать индийским луком.

При затяжном обострении хронического бронхита можно рекомендовать следующие сборы.

1. *Требуется:* по 3 части корней девясила, цветков календулы, по 5 частей листьев подорожника, травы чабреца, листьев мать-и-мачехи, 1 стакан воды.

Приготовление: 5 г смеси залить стаканом воды, кипятить 15 минут, отжать.

Применение: принимать по 50 мл через 3—4 часа. Одновременно полезно натирать грудную клетку настойкой индийского лука.

2. Требуется: по 1 части травы багульника, шишек ольхи, травы душицы, по 2 части травы зверобоя, травы шалфея, 3 части плодов рябины, 1 стакан воды, 4 ст. л. настойки индийского лука.

Приготовление: 5 г смеси залить стаканом воды, кипятить 15 минут, отжать, добавить настойку индийского лука.

Применение: полученной смесью смазывать грудную клетку и спину.

3. Требуется: по 1 части подорожника большого, березы повислой, багульника болотного, лимонника китайского, 1 стакан кипятка.

Приготовление: 1 ст. л. смеси залить кипятком, прогреть на водяной бане при слабом кипении воды, с плотно закрытой крышкой 15 минут, настоять 45 минут.

Применение: пить по 1 ст. л. настоя каждые 3 часа в течение 1—2 дней до начала отделения мокроты, затем в течение 2—3 недель по 1—2 ст. л. 4 раза в день. Перед приемом настоя грудную клетку и спину натирать индийским луком.

Если бронхит сопровождается кашлем и осиплостью голоса, поможет следующий рецепт.

Требуется: по 1 части листьев и плодов земляники, 1 стакан воды.

Приготовление: измельчить и смешать в одинаковой пропорции сырье, 1 ст. л. полученной смеси залить стаканом холодной воды и довести до кипения.

Применение: принимать по 1 стакану 3—4 раза в день, натерев грудь и спину настойкой индийского лука.

Если у вас начинает болеть горло, примите следующее надежное средство.

Требуется: 1 ч. л. меда, 2 ч. л. лимонного сока, 10 г красного молотого перца, 1 ст. л. водки или коньяка.

Приготовление: мед залить лимонным соком, добавить щепотку красного молотого перца. Хорошо перемешать и оставить настояться на некоторое время. Затем добавить водку или коньяк.

Применение: принимать в 1 прием 2—3 раза в день после еды, до полного исчезновения боли в горле. При этом шею лучше натереть настойкой индийского лука.

Не рекомендуется людям, *страдающим гастритами и болезнями почек.*

ЗАБОЛЕВАНИЯ ЖЕЛЕЗ ВНУТРЕННЕЙ СЕКРЕЦИИ И ОБМЕНА ВЕЩЕСТВ

Подагра

Подагра представляет собой заболевание, связанное с нарушением обмена веществ. Болезнь связана с отложением кристаллов уратов в суставах и других тканях, возникающим из-за нарушений метаболизма. Для подагры характерно повышение уровня мочевой кислоты в крови.

Повышение уровня мочевой кислоты возникает при усилении распада пуриновых оснований либо из-за недостаточной работы почек по выведению мочевой кислоты, причем одновременно могут присутствовать обе причины. Повышение уровня мочевой кислоты способствует накоплению и отложению в ее различных тканях в виде солей, прежде всего в хряще суставов.

Периодическое попадание кристаллов в синовиальную полость суставов приводит к развитию острой воспалительной реакции. Мочевая кислота и ее соли также откладываются в мочевыводящих путях в виде камней.

Первым в истории подагру описал еще Гиппократ. Древнеримские врачи обозначали любое заболевание суставов термином «подагра». В Средние века определили причину болезни — выяснилось, что она возникает из-за неумеренного употребления в пищу мяса и злоупотребления алкоголем. Современные исследования частично подтверждают эту теорию.

Болезнь развивается почти исключительно у мужчин среднего возраста. Обычно наблюдаются артриты суставов нижних конечностей с частым вовлечением пальцев стопы, голеностопных и коленных суставов. Реже наблюдается артрит мелких суставов кистей и локтевых суставов.

Существуют хроническая и острая формы подагры. Острая (подагрический приступ) форма характеризуется острой болью в суставах, чаще всего стопы. Обычно приступ случается в ночное время. Больной просыпается от сильнейшей боли, усиливающейся при малейшем движении, прикосновении к больному месту. Пораженный сустав отекает, начинается озноб, резко повышается температура тела, иногда до +41°C. К утру боль стихает, но к ночи снова обостряется. Такие волнообразные приступы длятся обычно несколько суток.

К факторам, провоцирующим возникновение приступа подагрического артрита, относят: чрезмерное употребление в пищу продуктов, богатых пуриновыми основаниями, главным образом мяса, алкоголя, операции, травмы, прием мочегонных средств. У 15—20% больных подагрой формируется мочекаменная болезнь (приступ почечной колики иногда может стать первым признаком подагры).

Хронические формы подагры протекают без острой боли. Вокруг пораженных суставов образуются узлы, где откладываются соли мочевой кислоты, в результате чего сустав обезображивается. Но подвижность в пораженном суставе сохраняется достаточно долго.

При подагре могут пострадать сердечно-сосудистая система, органы дыхания, желудочно-кишечный тракт, кожные покровы. Подагра — тяжелое заболевание, но, как правило, жизни больного не угрожает и редко влечет за собой тяжелую инвалидность, хотя некоторые ограничения трудоспособности в виде нарушения движений в пораженных суставах возможны.

Для лечения подагры используются медикаментозные препараты и средства народной медицины. Компрессами с настойкой индийского лука можно заменить сильные анальгетические препараты, которые вместо пользы могут привести к противоположному эффекту. Настойка на основе индийского лука не только снимает боль, но и сокращает время приступа. Однако одновременно с ее применением необходимо использовать традиционные лекарственные средства, поскольку индийский лук не оказывает воздействия на причину, а лишь снимает симптом этого заболевания.

Лучше всего использовать следующие рецепты.

Настойка на камфарном масле

Требуется: 1 лист индийского лука, 100 мл 80%-ного спирта, 10 мл камфарного масла.

Приготовление: лист индийского лука измельчить и сложить в небольшую стеклянную посуду. Залить спиртом так, чтобы жидкость покрыла измельченную массу, перемешать и плотно закупорить. Дать настояться 1—2 часа, затем снова перемешать и соединить с камфарным маслом в пропорции 1:10. Смесь настаивать в темном месте 10 дней.

Применение: отфильтрованной настойкой обильно смочить марлевый тампон и плотно прибинтовать к пораженному участку. Спустя 5—10 минут боль значительно ослабляется либо проходит совсем. Повязку с настойкой держать 1 час, после чего заменить простым спиртовым компрессом либо компрессом с буровской жидкостью.

Настойка с чесноком и луком

Требуется: 1 лист индийского лука, 1 головка чеснока, 100 г репчатого лука, 1 л 80%-ного спирта.

Приготовление: измельченный лист индийского лука, раздавленный чеснок и лук смешать в равных пропорциях и залить спиртом в соотношении 1:12. Настаивать не менее 12 дней в темном теплом месте, процедить.

Применение: в виде компрессов, меняя их каждый час, в течение 6—8 часов. Через 12 часов лечение можно повторить. Двух курсов может быть достаточно для полного исчезновения болей.

Настойка с цветами каштана

Требуется: 40 г сушеных цветков каштана, 1 л спирта, 1 лист индийского лука.

Приготовление: сушеные цветы каштана настоять на спирте, смешать с измельченным листом индийского лука. Настойку перемешать, процедить.

Применение: смачивать ею повязку, подкладывая под бинт измельченный лист либо разрезанную пополам молодую луковку птицемлечника. Желательно применять на финальной стадии приступа.

Настойка с чистотелом

Требуется: 10 г листьев чистотела, 15 г листьев индийского лука, 1 л водки.

Приготовление: сушеные листья чистотела растереть и смешать с измельченным листом индийского лука. Смесь залить водкой и настаивать 15 дней в темном теплом месте, процедить.

Применение: в виде компрессов, меняя их каждый час.

Скипидарная ванна

Скипидар (продукт хвои сосны) развести водой в соотношении не менее 1:10. Пораженные участки тела натереть листом индийского лука и сесть в ванну. Ванну принимать не более 15 минут, затем встать под душ и протереть все тело мочалкой.

При отложении солей полезно принимать 3 раза в день молочную настойку корневища сабельника болотного по 40—50 мл.

Хорошие результаты дает использование настоя из 3 лимонов и 150 г чеснока, пропущенных через мясорубку. Смесь нужно залить на сутки 1 л воды и пить после суток настаивания и последующего процеживания каждое утро по 50 мл.

Приведу еще несколько рецептов.

1. *Требуется:* 1 ст. л. полыни, 1,5 стакана кипятка, 4 ст. л. настоя индийского лука.

Приготовление: 1 ст. л. сырья залить в термосе кипятком и настаивать 2 часа. Процедить, смешать с настоем индийского лука.

Применение: наружно как обезболивающее средство.

2. *Требуется:* 1,5 стакана сока редьки, 1 стакан меда, 100 мл водки, 1 ст. л. поваренной соли.

Приготовление: сок редьки смешать с медом и 100 мл водки. Добавить соль и хорошо перемешать.

Применение: смесью натирать поясницу и суставы. После этого протирать кожу листом индийского лука.

3. *Требуется:* 1 стакан цветов сирени, 0,5 л водки, 5 ст. л. настоя индийского лука.

Приготовление: цветы настаивать в водке 7—10 дней, добавить настойку индийского лука.

Применение: для растирания поясницы, суставов.

4. *Требуется:* 1 ст. л. порошка шишек хмеля, 0,5 листа индийского лука, 1 ст. л. несоленого свиного сала или свежего сливочного масла.

Приготовление: хмель и 0,5 листа индийского лука

растереть с 1 ст. л. несоленого свиного сала или свежего сливочного масла.

Применение: смазывать суставы и поясницу при ревматизме и подагре.

5. Мягкую фланелевую тряпочку смочить бычьей желчью (продается в аптеке) в смеси с настойкой индийского лука и обмотать больное место. Повязку обернуть целлофаном, а сверху надеть теплый шерстяной носок.

6. В народе при подагре употребляют отвар листьев земляники (50 г на 1 л воды). После приема отвара листом индийского лука протирать больное место.

7. *Требуется:* 3 ч. л. корня горечавки, 3 стакана воды, 4 ст. л. настоя индийского лука.

Приготовление: мелко порезанный корень горечавки залить сырой водой и кипятить 7—10 минут, остудить и добавить настой индийского лука.

Применение: отвар применять для натирания.

8. Из отвара цветов ромашки, смешанного с поваренной солью (200 г на 10 л воды) и настоем индийского лука — 5 ст. л., делать ванны при подагрических опухолях рук и ног.

9. Применять отвар цветов бузины (в дозе примерно 20 г на 1 л воды). Если отвар смешать с настоем индийского лука — 4 ст. л., этим средством можно смазывать суставы при подагре. При этом рекомендуют лежать в постели.

10. В народе употребляется отвар из побегов туи (20 г на 1 л воды, 3 раза в день по 1 стакану). Отвар смешать с настоем индийского лука — 4 ст. л., смочить марлю полученной смесью. Прикладывать к больным суставам при подагре.

11. Приготовить отвар грыжника (30—50 г на 1 л кипятка) и смешать с 4 ст. л. настоя индийского лука. Использовать для натирания суставов при подагре.

12. Отвар из целых растений фиалки душистой (30 г на 1 л воды) принимать как средство, лечащее подагру. После приема отвара суставы смазывать соком индийского лука.

13. *Требуется:* 25 г корней лопуха, 20 г корневищ пырея, 20 г травы череды, 20 г травы трехцветной фиалки, 20 г вероники лекарственной, 1 л воды.

Приготовление: 40 г смеси залить водой и кипятить на медленном огне 15 минут.

Применение: пить по 3 стакана в день, причем первый раз натощак. Средство более эффективно, если суставы смазывать соком или настойкой индийского лука.

ИНФЕКЦИОННЫЕ ЗАБОЛЕВАНИЯ

Герпес

Герпес (лихорадка) на лице (губах или крыльях носа) очень часто возникает как одно из проявлений простудных заболеваний. Герпес вызывается вирусом простого герпеса, которым инфицировано практически все население. Это заболевание возникает из-за ослабленного иммунитета. Для избавления от неприятного высыпания можно использовать мазь, приготовленную на основе индийского лука.

Требуется: 1 ст. л. сухих цветков календулы, 1 ст. л. меда, сок 1 листа индийского лука, 1 ст. л. вазелина.

Приготовление: календулу слегка смочить водой и нагреть, смешать с остальными компонентами, дать настояться в течение суток.

Применение: полученной смесью смазывать губы и кожу вокруг них перед сном.

ГЛАВА 3

От лихорадки на губах поможет свежий сок индийского лука, но прежде чем использовать это средство, обязательно проведите кожную пробу. При простудных заболеваниях кожа отличается очень высокой чувствительностью, и может появиться аллергия.

Вот еще несколько дополнительных универсальных рецептов, которые помогут вам справиться с любыми простудными заболеваниями. Они весьма популярны, возможно, вы их уже знаете. Не забывайте пользоваться старыми проверенными средствами в борьбе с недомоганиями!

1. *Требуется:* 1 ст. л. меда, 1 ст. л. сока лимона, 0,5 л воды.
Приготовление: мед смешать с соком лимона и растворить смесь в кипяченой воде.
Применение: лекарство выпить за несколько минут до еды, после чего обернуть шею полотенцем или шарфом, смоченным в слабом спиртовом растворе настоя индийского лука (индийский лук и спирт 1 : 30). В течение дня рекомендуется выпить не менее 3 таких стаканов, каждый раз оборачивая шею лечебным шарфом на 15—20 минут. Курс лечения проводить до выздоровления.

Грипп

Грипп — острая вирусная болезнь, передающаяся воздушно-капельным путем. Характеризуется острым началом, лихорадкой, общей интоксикацией и поражением респираторного тракта.

Возбудители гриппа включают несколько типов: грипп А, В и С. Вирусы гриппа очень быстро изменяют свои свойства, поэтому этой болезнью заболевают многие люди. Вирус гриппа быстро погибает при нагревании, высушивании и под влиянием различных дезинфицирующих агентов. Воротами инфекции являются верхние отделы респираторного тракта. Грипп способствует снижению защитных свойств организма. Это приводит к обострению различных хронических заболеваний — ревматизма, хронической пневмонии, пиелита, холецистита, дизентерии, токсоплазмоза и прочих, а также к возникновению вторичных бактериальных осложнений. Вирус сохраняется в организме больного обычно в течение 3—5 дней от начала болезни, а при осложнении пневмонией — до 10—14 дней.

Инкубационный период гриппа продолжается от 12 до 48 часов. Типичный грипп начинается остро, нередко с озноба или познабливания, быстро повышается температура тела, и уже в первые сутки лихорадка достигает максимального уровня (до +38—40°С). Отмечаются признаки общей интоксикации (слабость, адинамия, потливость, боль в мышцах, сильная головная боль, боль в глазах) и симптомы поражения дыхательных путей (сухой кашель, першение в горле, саднение за грудиной, осиплость голоса). Отмечаются покраснение лица и шеи, инъекция сосудов склер, брадикардия (урежение сердцебиения), гипотония. Выявляется поражение верхних дыхательных путей (ринит, фарингит, ларингит, трахеит). Особенно часто поражается трахея, тогда как ринит иногда отсутствует. Язык обложен, может быть кратковременное расстройство стула. Могут наблюдаться такие осложнения, как пневмонии (до 10% всех больных и до 65% госпитализированных больных гриппом), фронтиты, гаймориты, отиты, токсическое повреждение миокарда. **Лечение всегда назначает врач**. Традиционные рецепты и рецепты фитотерапии, несомненно, принесут пользу, но отказываться при этом от приема медикаментов нельзя.

Следующие средства помогают быстрее избавиться от гриппа, но подходят и для его профилактики.

1. *Требуется:* 1 лимон, 1 лист индийского лука, 50 мл растительного масла.

Приготовление: лимон измельчить вместе с кожурой и листом индийского лука длиной не менее 50 см, пропустив все через мясорубку. Получившуюся массу залить растительным маслом, оставить на несколько часов. Затем процедить, тщательно отжав кашицу.

Применение: в период эпидемии гриппа или во время болезни смазывать этим маслом ушные раковины и подошвы ног на ночь.

2. *Требуется:* 2 г травы фиалки душистой, 1 стакан кипятка.

Приготовление: траву заварить кипятком.

Применение: для полоскания горла при гриппе, ангине и других воспалениях слизистой оболочки верхних дыхательных путей, смазывая при этом переносицу, надбровные дуги и шею соком индийского лука.

Против повышенной температуры тела (ее рекомендуется сбивать только при достижении +38,5°С и выше) поможет такой рецепт.

Требуется: 2 сырые картофелины, 2 листа индийского лука, 1 ст. л. яблочного уксуса, 1 ч. л. меда.

Приготовление: картофель очистить, вымыть, натереть на терке. Измельчить индийский лук, добавить к массе, смешать с яблочным уксусом и медом. Все перемешать и полученную смесь положить на несколько слоев марли или неплотную ткань.

Применение: приложить компресс ко лбу не более чем на 15 минут. Через некоторое время заменить его новым. Процедуру проводить до тех пор, пока температура тела не снизится.

Некоторые народные целители считают самым эффективным средством при гриппе смородину. Можно легко приготовить отвар из веточек смородины.

Требуется: 50 г веток смородины, 1 л воды.

Приготовление: веточки мелко поломать и заварить кипятком. Кипятить 5 минут, настаивать 4 часа.

Применение: выпить на ночь в постели в теплом виде половину отвара, можно с сахаром или медом. Провести такое лечение дважды.

Листья черной смородины распарить, переложить свежими листьями индийского лука и прикладывать к подошвам ног. Пройдет озноб, понизится температура тела.

При первых признаках болезни полезно разрезать большую свежую луковицу, а затем нюхать и вдыхать пары лука ртом, повторяя 3—4 раза в день. Эффект от такой ингаляции усилится, если переносицу и крылья носа смазать листом индийского лука. В промежутках между этими процедурами намочить вату в толченом свежем чесноке, смешанном с растительным маслом в равных пропорциях, и вложить поглубже в нос; внутрь принимать чесночные капли.

Требуется: 100 г чеснока, 1 стакан водки.

Приготовление: растолочь чеснок, залить водкой и хорошо взболтать.

Применение: принимать по 1 капле. Лечение проводить 3—4 дня.

Расскажу еще о нескольких рецептах.

1. *Требуется:* 1 ст. л. сухой травы шалфея, 1 стакан молока.

Приготовление: шалфей залить кипяченым молоком, поставить на огонь, довести до кипения, выдержать 10 минут, остудить, процедить и снова довести до кипения.

Применение: принимать в теплом виде по 0,5 стакана за 20 минут до еды, при этом смазывая переносицу и натирая грудь соком индийского лука.

2. Поможет справиться с гриппом и кашица из измельченного чеснока и меда (в одинаковых пропорциях). Принимать средство нужно по 1 ч. л. несколько раз в день, запивая большим количеством теплой воды, при этом смазывая переносицу и натирая грудь настоем индийского лука.

3. *Требуется:* 1 очищенный корень хрена, 1 ст. л. меда.
Приготовление: натереть на терке хрен или пропустить его через мясорубку, смешать с 1 ст. л. меда и оставить на 12 часов. Процедить.
Применение: принимать полученную жидкость по 1 ст. л. 3—4 раза в день перед едой во время гриппа, при этом смазывать переносицу и натирать грудь настоем индийского лука.

4. *Требуется:* 1 луковица, 0,5 л молока, 1 ч. л. меда.
Приготовление: натереть луковицу, залить кипящим молоком, настоять несколько минут, затем добавить мед. Процедить.
Применение: полученную жидкость выпить. Готовить средство следует перед сном, пить его нужно непременно горячим, при этом смазывая переносицу и натирая грудь настоем индийского лука.

5. *Требуется:* 1,5 л кипяченой воды, 1 ст. л. поваренной соли, сок 1 лимона, 5 толченых таблеток аскорбиновой кислоты.
Приготовление: в воде растворить 1 ст. л. соли, добавить сок лимона и аскорбиновую кислоту, размешать до полного растворения.
Применение: приготовленную жидкость нужно выпить за 2 часа, смазывая переносицу и натирая грудь настоем индийского лука.

6. *Требуется:* 100 г сушеных плодов земляники, 1 стакан кипятка, 5 капель эвкалиптового масла, 1 ч. л. меда, 1 стакан гранатового сока, 1 стакан апельсинового сока.

Приготовление: землянику залить кипятком, поставить посуду на медленный огонь и довести до кипения. Через 2 минуты посуду снять с огня, добавить несколько капель эвкалиптового масла, слегка остудить и добавить мед. В отдельной кастрюле подогреть 1 стакан гранатового сока. Процедить, смешать с земляничным отваром, добавить апельсиновый сок.

Применение: принимать напиток по 0,5 стакана в период начинающейся простуды или в качестве жаропонижающего при гриппе. После приема средства натирать переносицу соком индийского лука.

7. *Требуется:* 1 стакан яблочного сока, 1 ст. л. меда, по 1 г корицы, гвоздики, кардамона, 3 капли эвкалиптового масла.

Приготовление: яблочный сок смешать с медом и специями. Все перемешать, посуду со смесью поставить на медленный огонь.

Нагреть до 40°С, снять посуду с огня и добавить несколько капель эвкалиптового масла.

Применение: приготовленное средство пить по 0,3 стакана в период заболевания гриппом или простудой, натирать переносицу соком индийского лука.

Чтобы не заразиться гриппом, приготовьте следующий состав.

1. *Требуется:* луковица, 1 ч. л. меда, 1 лист индийского лука.

Приготовление: натереть на терке небольшую луковицу (репчатого лука), слегка отжать сок, добавить немного меда и измельченный лист индийского лука.

Применение: полученную смесь выложить на несколько слоев марли. Ноздри слегка смазать подсолнечным маслом и наложить компресс. Процедуру следует проводить в течение суток не менее трех раз.

2. *Требуется:* 1 лимон, 2 дольки чеснока, 1 л воды, 1 ч. л. меда.

Приготовление: лимон натереть на терке, удалить косточки, добавить кашицу из измельченного чеснока, перемешать и залить водой. Добавить мед, снова перемешать и оставить на 3 суток в темном прохладном месте. Через 3 дня процедить.

Применение: принимать в осеннее и зимнее время ежедневно натощак по 1 ст. л., в период эпидемий — по 2 ст. л. Хранить в холодильнике. Средство более эффективно, если натереть переносицу соком индийского лука.

3. *Требуется:* 1 л свежевыжатого апельсинового сока, 0,5 стакана свекольного сока, 0,5 стакана морковного сока, 2 ч. л. меда, 50 мл отвара пророщенной пшеницы.

Приготовление: соки смешать, добавить мед, отвар пророщенной пшеницы.

Применение: приготовленный напиток следует выпить в 2 приема, утром и вечером, одновременно натирая переносицу индийским луком. Делать это следует в течение нескольких дней, в периоды эпидемии гриппа и других инфекционных заболеваний.

4. *Требуется:* 5 головок репчатого лука, полголовки чеснока, 1 л молока, 1 ст. л. сока будры, 1 ч. л. меда.

Приготовление: лук и чеснок мелко порезать, варить в молоке, пока не разварится. Прибавить сок будры и немного меда.

Применение: принимать по 1 ст. л. через каждый час. Это народное средство применяется совместно с соком индийского лука. Им смазывают переносицу.

Следующее средство для лечения и профилактики гриппа следует готовить в очень небольших количествах, чтобы не потерялись целебные свойства.

Требуется: 1 лимон, 100 г сливочного масла, 2 ст. л. меда.

Приготовление: лимон помыть, положить на 1 минуту в кипяток, затем пропустить через мясорубку вместе с кожурой. Полученную массу смешать с размягченным сливочным маслом, добавить мед, тщательно перемешать. Хранить в холодильнике.

Применение: принимать по 1 ст. л. 3—4 раза в день перед едой, смазывая переносицу соком индийского лука.

Во время гриппа с повышенной температурой тела полезно выпивать в течение дня 3 стакана напара из центаврии, ромашки и листьев бобовника, взятых в равных частях по объему (4 ст. л. смеси на 3 стакана кипятка).

В народной медицине чай из напара горицвета (не больше 1 ст. л. порезанного растения на 0,5 л кипятка) рекомендуется принимать по 1 ст. л. (максимум) и не чаще чем через 1 час и 3 раза в день смазывать соком индийского лука переносицу.

1. *Требуется:* 5 ст. л. ягод шиповника, 1 л воды.

Приготовление: ягоды растолочь, залить водой. Поставить на огонь, дать покипеть 10 минут. Настоять, укутав, 8—10 часов, процедить.

Применение: пить через каждые 2—3 часа в течение суток по 1 стакану, можно с медом, вареньем, сахаром. Желательно в этот день ничего не есть. После каждого приема полоскать рот теплой водой. Смазывать переносицу соком индийского лука. Желательно при гриппе пить настой шиповника в течение недели, постепенно снижая количество приемов.

2. *Требуется:* по 100 г изюма, кураги, орехов, 0,5 л воды, 1 ст. л. меда, 1 ст. л. лимонного сока.

Приготовление: промыть изюм, курагу, пропустить через мясорубку или мелко нарезать, добавить истолченные орехи. Залить подогретой водой, поставить на огонь и довести до кипения. Затем добавить мед, лимонный сок и подержать посуду на медленном огне еще 2 минуты.

Применение: приготовленный напиток пить в теплом виде утром натощак как укрепляющее средство или в период простудных заболеваний для быстрого выздоровления, одновременно смазывать область переносицы и шеи соком индийского лука.

3. *Требуется:* 250 мл водки, 20 г травы полыни горькой.
Приготовление: в водку насыпать полынь, настоять 21 день в темном месте, процедить.
Применение: при простуде ежедневно пить по 1 ст. л. 1 раз в день. Принимать 2—3 дня, не более. Вместе с этим средством использовать сок индийского лука, смазывая им переносицу.

4. *Требуется:* 1 часть цветов липы, 1 часть плодов малины, 0,5 л кипятка.
Приготовление: 2 ст. л. смеси залить кипятком. Кипятить 5—10 минут, процедить.
Применение: пить горячим на ночь по 1—2 чашки. Смазать переносицу соком индийского лука.

5. *Требуется:* 40 г плодов малины, 40 г листьев мать-и-мачехи, 0,5 л кипятка.
Приготовление: 2 ст. л. залить кипятком, кипятить 5—10 минут, процедить.
Применение: пить горячим на ночь по 1—2 чашки. 2—3 раза в день смазывать переносицу и шею соком индийского лука.

6. *Требуется:* 1 часть листьев мяты перечной, 1 часть цветков бузины черной, 1 часть цветов липы, 0,5 л кипятка.
Приготовление: 2 ст. л. смеси залить 0,5 л кипятка. Кипятить 5—10 минут, процедить.
Применение: пить горячим на ночь по 1—2 чашки. Одновременно смазывать переносицу соком индийского лука.

7. Требуется: 1 часть цветков липы, 1 часть цветков черной бузины, 1 стакан кипятка.

Приготовление: 2 ст. л. смеси залить кипятком, кипятить 5—10 минут, процедить.

Применение: выпить горячим в 1 прием при гриппе и простудных заболеваниях, смазывая переносицу и шею соком индийского лука.

Если простуда сопровождается кашлем и осиплостью голоса, поможет следующий рецепт.

Требуется: по 20 г листьев и плодов земляники, 1 стакан воды.

Приготовление: измельчить и смешать листья и плоды, 1 ст. л. смеси залить холодной водой и довести до кипения.

Применение: принимать по 1 стакану 3—4 раз в день, смазывая область шеи и переносицы соком индийского лука.

При острых респираторных заболеваниях и гриппе хорошо себя зарекомендовали следующие рецепты. Фитосборы будут более эффективны, если одновременно с ними использовать индийский лук. Его соком следует смазывать шею и переносицу.

1. Требуется: 15 г цветков бузины черной, 15 г цветков липы, 15 г мяты перечной, 1 стакан кипятка.

Приготовление: 1 ст. л. сбора залить кипятком, настаивать 2 часа и процедить.

Применение: принимать по 0,5 стакана 3—4 раза в день.

2. Требуется: 20 г цветков липы, 20 г подорожника большого, 20 г зверобоя, 0,5 л кипятка.

Приготовление: 10 г сбора залить кипятком, настаивать 6 часов и процедить.

Применение: принимать по 0,5 стакана 3 раза в день.

3. Требуется: 15 г плодов малины, 15 г липы, 15 г душицы, 1 стакан кипятка.

Приготовление: 1 ст. л. сбора залить кипятком, настаивать 2 часа и процедить.

Применение: принимать по 0,5 стакана 3—4 раза в день.

4. Требуется: 20 г цветков бузины черной, 20 г коровяка, 15 г липы, 1 стакан кипятка.

Приготовление: 1 ст. л. сбора залить кипятком, настаивать 1 час и процедить.

Применение: принимать по 0,5 стакана 3—4 раза в день.

5. Требуется: 20 г ромашки аптечной, 20 г мать-и-мачехи, 20 г душицы обыкновенной, 1 стакан кипятка.

Приготовление: 10 г сбора залить кипятком, настаивать 6 часов и процедить.

Применение: принимать по 0,5 стакана 3 раза в день.

6. Требуется: 30 г плодов малины, 30 г сабельника болотного, 10 г ивы белой, 1 стакан воды.

Приготовление: 1 ст. л. сбора залить холодной водой, кипятить 10 минут, охладить и процедить.

Применение: принимать по 0,3 стакана 3—4 раза в день.

7. Требуется: 10 г липы, 10 г вероники длиннолистной, 10 г медуницы, 1 стакан кипятка.

Приготовление: 1 ст. л. сбора залить кипятком, настаивать в течение 1 часа и процедить.

Применение: принимать по 0,5 стакана 3 раза в день.

8. Требуется: 15 г клевера лугового, 15 г вербены лекарственной, 15 г бузины черной, 1 стакан кипятка.

Приготовление: 1 ст. л. сбора залить кипятком, настаивать 2 часа и процедить.

Применение: принимать по 0,3 стакана 3—4 раза в день.

9. Требуется: по 20 г плодов шиповника, корня цикория, корня одуванчика лекарственного, ягод калины, 10 г измельченных головок клевера лугового, 2 ст. л. меда, 0,5 л кипятка.

Приготовление: все перемешать, залить 3 ст. л. смеси кипятком в термосе, настоять несколько часов, затем процедить, добавить 2 ст. л. меда.

Применение: принимать по 0,5 стакана 3—4 раза в день в период начинающейся простуды.

10. Требуется: 30 г лепестков дикого мака, 20 г цветов бузины черной, 20 г цветов липы, 20 г цветов коровяка, 30 г цветов мальвы лесной, 20 г цветов мать-и-мачехи, 20 г цветов гречихи, 20 г травы легочницы, 1 л кипятка.

Приготовление: 40 г смеси залить кипятком, парить всю ночь.

Применение: пить каждый час по 0,25 стакана (по винной рюмке). Смесь особенно рекомендуется при сильном простудном кашле, причем в сочетании с постельным режимом, поскольку смесь действует потогонно.

11. Требуется: 25 г багульника, 15 г крапивы, 1 л кипятка.

Приготовление: сырье мелко нарезать, смешать, заварить кипятком. Настоять, укутав, 3 часа, процедить.

Применение: принимать по 0,5 стакана 5—6 раз в день.

12. Требуется: 1 часть буквицы, 1 часть ромашки аптечной, 1 часть шалфея, 0,5 л кипятка.

Приготовление: сырье измельчить и хорошо смешать. 1 ст. л. с верхом смеси залить кипятком. Настоять, укутав, 30—40 минут, процедить.

Применение: на ночь выпить 2—3 чашки горячего настоя с медом. Днем пить как чай в течение дня.

Для того чтобы сбить высокую температуру тела, вам обязательно понадобится индийский лук. Он быстро облегчит состояние и позволит добиться скорейшего выздоровления. Но он действует только наружно, применяются его настойка на водке или свежий сок для натирания переносицы, крыльев носа и шеи. А для воздействия на любую простудную инфекцию изнутри просто необходимы следующие рецепты.

1. *Требуется:* 1 стакан клюквы, 1 ст. л. меда.

Приготовление: из клюквы отжать с помощью марли сок, чтобы получилось примерно 0,5 стакана жидкости. Затем следует добавить мед. Перемешать и процедить.

Применение: полученную жидкость принимать по 2 ст. л. 3—4 раза в день до полного выздоровления.

2. *Требуется:* по 0,5 стакана шиповника, малины, смородины, 1 ст. л. меда, 1 л кипятка.

Приготовление: ягоды положить в эмалированную кастрюлю, залить кипятком, добавить мед и дать настояться 15 минут. Затем процедить настой.

Применение: средство принимать 3 раза в день по 0,5 стакана перед едой.

3. *Требуется:* 4—5 ст. л. плодов вишни, 5 стаканов воды, 0,5 стакана меда.

Приготовление: залить вишню горячей водой, поставить на медленный огонь и выпаривать под крышкой 30 минут. Затем процедить отвар и добавить в него мед, после чего поставить охлаждаться.

Применение: принимать во время болезни по 0,5 стакана 3 раза в день до выздоровления.

ОНКОЛОГИЧЕСКИЕ ЗАБОЛЕВАНИЯ

Кисты

Киста представляет собой мешкообразную опухоль на ножке, которая часто бывает врожденной, но остается в «спящем» состоянии до подходящего момента. Киста наполнена водянистой прозрачной жидкостью зеленовато-желтого цвета. У женщин кисты возникают в яичниках, а также на шейке и в полости матки.

По мере своего роста киста при гинекологических заболеваниях доставляет сильные боли в крестце и в низу живота, а когда кист несколько, нарушается менструальный цикл, учащаются позывы к мочеиспусканию, живот вздувается. Иногда киста лопается, ее содержание изливается в брюшную полость с тяжелыми последствиями — развитием перитонита. Некоторые кисты достигают огромных размеров. Поэтому **при появлении первых тревожных признаков следует немедленно обратиться к специалисту, поскольку кисты не поддаются лечению и их нужно удалять оперативно, чем раньше, тем лучше.**

Фитотерапия помогает при лечении мелких полипов и кист, значительно улучшает самочувствие, снижает неприятные ощущения, заживляет послеоперационные швы.

Усилить эффект заживления можно, прикладывая к швам ватную примочку, пропитанную травяным бальзамом.

Требуется: 500 г чистотела большого, 0,3 л водки или 70%-ного спирта, 2 ч. л. сока индийского лука.

Приготовление: измельчить сырье, залить водкой или спиртом и настаивать в темном месте 7 дней. На 6—7-й день добавить сок индийского лука. Посуда должна быть плотно закрытой.

Применение: использовать для компрессов и протираний шва или уже заживающего рубца.

Рак матки и яичников

К злокачественным опухолям матки относится рак шейки и тела матки. В настоящее время в экономически развитых странах отмечается рост заболеваемости раком тела матки при одновременном снижении заболеваемости раком шейки матки. Это положение касается и России. Если несколько десятилетий назад частота рака шейки матки превышала частоту заболеваемости раком тела матки в 10—15 раз, то сейчас наблюдается обратная картина: уровень заболеваемости раком тела матки сегодня в 1,5—2 раза выше. Причинами возникновения рака тела матки считаются гормональные и обменные нарушения в женском организме. Заболевание чаще возникает у женщин, страдающих нарушением углеводного обмена (диабетом), гипертонической болезнью, ожирением. Последнее связано с тем, что жировые клетки способны вырабатывать женские половые гормоны, вызывающие чрезмерное разрастание тканей, в частности слизистой оболочки матки. Наиболее активно выработка гормонов происходит у женщин, у которых прекратилась менструальная функция. Однако следует иметь в виду и то, что опухоль может возникнуть и без явных признаков гормональных нарушений.

Рак яичников считается очень коварным заболеванием. К сожалению, современный уровень развития медицинской науки далеко не всегда обладает возможностью диагностирования рака яичников на ранних стадиях заболевания, когда мероприятия по излечению были бы наиболее эффективны. Это касается не только России, но и всех развитых стран. Только у четверти женщин подобные заболевания выявляются на начальных стадиях. К сожалению, у большинства женщин, страдающих этой патологией, опухоль обнаруживается уже на позднем этапе заболевания, когда имеет место обширное распространение заболевания.

Для многих онкологических заболеваний, в том числе и для рака матки и яичников, характерна наследственная предрасположенность. Женщины, в семьях которых наблюдаются эти заболевания, должны чаще производить осмотр у врача, причем решающее значение в распознавании опухоли яичников принадлежит ультразвуковому компьютерному исследованию.

При лечении больных раком яичников ведущее место занимает хирургический способ в сочетании с применением противоопухолевых лекарственных средств. Однако результаты лечения еще далеки от идеала. Прежде всего каждой женщине необходимо вести здоровый образ жизни: каждый день начинать с утренней гимнастики, обливания, вовремя ложиться спать. Отдых должен быть полноценным.

Из медикаментозных средств можно порекомендовать использование так называемых пероральных контрацептивов (гормональных препаратов в виде таблеток). Современные пероральные контрацептивы предохраняют от возникновения рака тела матки, яичников и, возможно, рака молочной железы.

Следует особо отметить, что использование лекарственных препаратов не должно сочетаться с курением — фактором, способствующим развитию многих заболеваний. При нарушении менструального цикла женщине необходима консультация врача. Очень неблагоприятным действием обладает искусственное прерывание беременности. Поэтому необходимо прибегать к предупреждающим средствам, прежде всего к пероральным контрацептивам.

До сих пор наиболее эффективным считается классическое лечение в условиях онкологического стационара с применением хирургических приемов, химио- и лучевой терапии. Но травы с давних пор использовались при лечении онкологических заболеваний. *__Не прибегайте к самолечению, в случае опухолевых заболеваний это чрезвычайно опасно. Для скорейшего выздоровления и избежания неблагоприятных последствий необходимо обязательно консультироваться с онкологами. Используйте фитотерапию совместно с классическими методами лечения. Помните, что травяные препараты должны дополнять, а не заменять традиционные средства медицины.__*

Предложу несколько рецептов, помогающих предотвратить дальнейшее прогрессирование заболевания, а иногда и избавить от тяжелого недуга.

Полынная ванна

Требуется: 20 г полыни, 1 лист индийского лука, 100 мл спирта.

Приготовление: траву смешать с индийским луком, настаивать на спирте 15 дней (доза настойки для принятия 1 ванны).

Ванна с лопухом

Требуется: 0,3 стакана сока лопуха, 100 мл спирта, 100 г меда, 100 г настойки индийского лука.

Приготовление: сок лопуха смешать со спиртом и медом и настаивать 7 дней. Смешать с настойкой индийского лука.

Применение: для ванны достаточно 2 ст. л. настойки.

Ванна с якуткой полевой

Внимание! Средство нельзя использовать при беременности!

Требуется: 0,5 ст. л. травы якутки полевой, 1 стакан кипятка, 1 ст. л. сока индийского лука.

Приготовление: траву залить кипятком и настаивать 4 часа в плотно закрытой посуде, процедить. Настой смешать с соком индийского лука.

Применение: для принятия ванны достаточно 150 мл смеси.

Ванна с пионом

Требуется: 1 ст. л. измельченных сухих корней пиона, 0,75 л кипятка, сок 1 листа индийского лука или 50 мл настойки.

Приготовление: сырье залить кипятком, настаивать 30 минут в плотно закрытой посуде, процедить, смешать с соком или настойкой индийского лука.

Применение: для принятия ванны достаточно 1 стакана средства. В тибетской медицине корни пиона входят в состав противоопухолевых лекарств.

Ванна с листьями чертополоха

Требуется: 1 ст. л. листьев чертополоха, 1 стакан кипятка, 10 мл настойки индийского лука.

Приготовление: чертополох залить кипятком, настаивать до охлаждения, процедить. Добавить настойку индийского лука.

Применение: для принятия ванны достаточно 1 стакана.

ДРУГИЕ ЗАБОЛЕВАНИЯ

Головная боль

Головная боль представляет собой не такое простое заболевание, как можно подумать. Это даже не заболевание, а симптом, сопровождающий десятки других болезней. Если голова болит ежедневно или боль невыносима, то нужно обследоваться у врача.

Иногда головная боль становится первым симптомом серьезного заболевания, и лечение лучше начинать как можно быстрее, не откладывая. Впрочем, чаще встречается так называемая бытовая головная боль, которая не влечет за собой никаких серьезных последствий, но портит настроение, мешая работать и отдыхать.

Вначале нужно разобраться, что именно болит. Головная боль может быть двоякого происхождения: следствием спазма сосудов и спазма мышц головы и шеи. Второй вид довольно распространен в современном мире среди практически здоровых людей, проводящих много времени за компьютером, за письменным столом, за рулем, у телевизора. Больной ощущает на голове словно давящий обруч, когда лоб, виски и затылок болят одинаково сильно. У людей, которым приходится много времени проводить, склонившись над столом, часто болят шея и затылок: врачи называют такое недомогание болью напряжения. Этот вид головной боли самый распространенный, и его легко снять — просто нужно расслабить мышцы. Для избавления от головной боли помогают расслабление, аутотренинг, массаж, физические упражнения. Природные препараты, в том числе и индийский лук, также эффективны при головных болях.

Можно взять помятый лист индийского лука и лимонную корку, очищенную от белой цедры, приложить к виску и подержать несколько минут. На коже возникнет пятно от раздражения, которое вскоре пройдет вместе с головной болью.

При головной боли напряжения индийский лук поможет, если втирать его настойку или сок в крупные мышцы шеи и плеч.

Требуется: 1 лист индийского лука, 50 г любого крема.
Приготовление: выдавить на ладонь немного крема, сверху выжать слизь из одного листа индийского лука (крема требуется примерно в 2 раза больше).
Применение: распределить мазь по обеим ладоням, с усилием втереть в кожу шеи и плеч. После процедуры лучше всего несколько минут полежать.

Причина головной боли может скрываться в спазме сосудов. Такая боль обычно появляется при смене погоды у метеочувствительных людей, при изменении артериального давления. Необходимо восстановить кровоснабжение мозга, и в таком случае индийский лук незаменим.

Листом индийского лука нужно протереть виски: в этом месте находится скопление сосудов, связанных с головным мозгом. Втирать следует 2—3 минуты, сильными круговыми движениями.

При сильных мигренеподобных болях помогут компрессы.

Требуется: 2 ст. л. настойки индийского лука, разбавленной 1:2 водой, 2 ч. л. листьев мяты, 1 стакан кипятка.

Приготовление: бинт, сложенный в несколько раз, смочить спиртовой настойкой индийского лука. Заварить мяту, процедить, настоем смочить полотенце.

Применение: обернув голову бинтом, сверху завязать ее полотенцем и прилечь на 10—15 минут, при этом следует пить предлагаемые ниже настои трав мелкими глотками. Вскоре боль ослабнет.

Если причина головных болей — повышенное давление, то помогут компрессы из распаренных ягод калины с индийским луком (в равных пропорциях). Калина — надежное средство для снижения артериального давления, а индийский лук поможет ей быстрее «добраться» до кровеносной системы. Компрессы можно применять каждый день. Курс лечения составляет до 1 месяца.

1. *Требуется:* 1 ч. л. корней девясила высокого, 1 стакан воды.

Приготовление: девясил залить горячей водой, настоять 10 часов, процедить.

Применение: применять по 0,25 стакана за 30 минут до еды.

2. *Требуется:* 1 ст. л. цветков клевера, 1 стакан кипятка.

Приготовление: клевер заварить кипятком, настоять 30 минут, процедить.

Применение: пить по 0,5 стакана 2 раза в день.

3. *Требуется:* 15 г мелиссы, 1 стакан кипятка.
Приготовление: траву залить кипятком. Настоять, укутав, 30 минут, процедить.
Применение: пить по 0,5 стакана 3 раза в день.

4. *Требуется:* 1 ч. л. паслена, 1 стакан воды.
Приготовление: измельченное в порошок сырье залить водой и кипятить 10 минут.
Применение: пить по 1 ч. л. 2 раза в день.

Свежие ягоды паслена незаменимы при различных видах гипертонической болезни, повышенном артериальном давлении, как мочегонное и слабительное средство, а также при атеросклерозе. В лечебных целях рекомендуется употреблять в день не более 2 ст. л. свежих спелых ягод.

5. *Требуется:* 1 ст. л. травы душицы, 0,5 л кипятка.
Приготовление: траву залить кипятком. Настоять, укутав, 30 минут, процедить.
Применение: принимать по 0,5—1 стакану 2—3 раза в день при головных болях. Индийским луком смазывать виски. **Средство противопоказано беременным женщинам.**

Зубная боль

Зубная боль возникает в результате поражения зубов кариесом и последующих осложнений. Кариес зуба — прогрессирующее разрушение твердых тканей зуба. Возбудитель кариеса — стрептококк, скапливающийся на поверхности эмали в виде мягкого зубного налета.

Микрофлора зубного налета повреждает эмаль, в итоге образуется кариозный дефект. Устойчивость к кариесу предопределяется структурой эмали, зависящей как от условий формирования зубов, так и от состояния местного иммунитета полости рта.

Кариес различается по остроте течения и глубине поражения: больной обычно жалуется на боль при попадании в кариозную полость холодной, кислой, сладкой пищи. Устранение раздражителя прерывает боль. В начальной стадии на поверхности эмали появляется грязно-серое или коричневое пятно. При остром течении ткани, вовлеченные в кариозный процесс, становятся грязно-серого цвета, размягченными, кариозный очаг обычно имеет неправильную форму, его края подрыты. Поражается обычно несколько зубов. При острейшем течении поражено большее количество зубов, в каждом может образоваться несколько полостей. При хроническом течении пораженные ткани пигментированы, плотны, их края относительно ровные.

Если кариес поражает всю эмаль, то развивается воспаление пульпы зуба (пульпит). В развитии пульпита имеют значение микрофлора кариозной полости, химическая, механическая и термическая травмы, полученные ранее или во время формирования процесса.

При пульпите возникает самопроизвольная приступообразная боль, особенно в ночное время, провоцируемая механическими, химическими и температурными раздражителями. В начале заболевания приступы боли, обычно ноющей, нечасты и кратковременны, по мере прогрессирования процесса они учащаются и удлиняются. При гнойном пульпите приступы длительные, пульсирующие боли нарастают. На начальных стадиях пульпита холод вызывает болевой приступ, а при появлении гноя — уменьшает его. При хронических формах пульпита типичные болевые приступы возникают главным образом во время обострений.

Если заболел зуб, к врачу идти необходимо. Проверяться у стоматолога желательно не менее двух раз в год, но если кариеса все же не удалось избежать, запломбировать зуб обязательно придется. Кариес — входные ворота множества болезней, не обращать внимания на такой симптом опасно. Если зуб заболел, значит, заболевание зашло далеко и скорее всего придется удалять нерв.

ГЛАВА 3

Снимать зубную боль также необходимо, ведь она бывает очень интенсивной. От зубной боли мы часто используем различные анальгетики, но их эффект кратковременный. Индийский лук действует комплексно, он приостанавливает воспалительный процесс, снимает отек и боль. Но запомните: **прикладывать свежий лист индийского лука к больному зубу нельзя**. Это может вызвать ожог слизистой оболочки рта. Поступите иначе. Сделайте многослойный ватный шарик. Сердцевину его смочите настоем индийского лука (она должна лечь непосредственно на больной зуб), а сверху компресс вместе с зубом оберните ватой, смоченной в крепком настое тысячелистника (3 ч. л. травы на 100 мл кипятка). Индийский лук в течение 3—5 минут уменьшит боль, а тысячелистник предотвратит реакцию слизистой на раздражающее вещество, окажет обеззараживающее и противовоспалительное действие.

При флюсе компресс лучше прикладывать к щеке. На зуб или за щеку положите ватку с настоем тысячелистника; на щеку с внешней стороны наложите повязку с растертым в кашицу индийским луком (внешнюю повязку держать не более 10 минут). Опухоль спадет, стоматологу будет значительно легче лечить больной зуб. После применения препарата индийского лука полезно использовать такой сбор: шалфей (5 г) и дубовую кору (5 г) заварить 0,5 л кипятка. Полученной теплой смесью полоскать рот.

Если воспалился зуб под коронкой, можно попытаться поправить положение без удаления зуба.

Если началось нагноение и для гноя образовался выход — свищ, поможет примочка, оттягивающая гной.

Требуется: 1 ч. л. питьевой соды, 1 стакан воды, 1 ч. л. настоя индийского лука.

Приготовление: соду растворить в воде, настолько горячей, насколько можно терпеть. В раствор добавить настой индийского лука.

Применение: в смеси смачивать ватку и прикладывать к зубу, сменяя ее каждый час. На ночь следует класть на зуб содовую примочку без раздражающего индийского лука. Обычно через 2 дня воспаление прекращается, и зуб можно спасти.

При зубной боли поможет такой рецепт.

Требуется: 0,5 л спирта, 10 г порошка корневищ аира.

Приготовление: порошок залить спиртом, взболтать, бутылку закупорить пробкой, пробку обвязать веревкой. Бутылку в стоячем положении обложить тестом и печь в духовке.

Применение: получается как бы водочный отвар, 30—50 мл которого нужно набрать в рот и держать на больном зубе. После окончания процедуры на 3—5 минут положить на зуб ватный шарик, смоченный в настое индийского лука.

Запомните также, что, даже если благодаря различным средствам зуб перестал беспокоить, это не значит, что лечить его уже не нужно. Напротив, процесс продолжается, и, незаметный для вас, он еще опаснее.

Мастит

Мастит представляет собой неспецифическое воспаление молочной железы, чаще возникающее в период лактации. Важное значение в формировании воспаления имеет застой молока.

Воспаление вызывается патогенными микроорганизмами. Входными воротами инфекции являются трещины соска и окололососкового кружка.

Возбудителем обычно становится золотистый стафилококк нередко в сочетании с другими инфекциями: кишечной палочкой, протеем.

ГЛАВА 3

Лактационный мастит чаще возникает на 1-м месяце после первых родов. На фоне уменьшения выделения молока появляются выраженная боль в железе, повышение температуры тела, озноб. Молочная железа нагрубает, припухает, становится болезненной, в ряде случаев появляется локальное покраснение кожи.

Острый мастит следует дифференцировать от так называемой молочной лихорадки, обычно развивающейся на 3—5-й день после родов и обусловленной застоем молока, которое, всасываясь обратно, приобретает пирогенные свойства (вызывает повышение температуры тела). При этом ткань железы не припухает. Если через 2—3 дня уплотнение в молочной железе не рассасывается, происходит его нагноение.

Различная локализация гнойника обусловливает особенности клинической картины мастита. Если абсцесс располагается в передних отделах молочной железы, то он обычно небольших размеров, рано выявляется размягчение. Если гнойник расположен внутри ткани молочной железы, то он сопровождается выраженными явлениями общей интоксикации, сильной болью.

Молочная железа увеличивается в размерах, определяется значительных размеров болезненное уплотнение. Гнойник, расположенный в задних отделах железы, вызывает выраженную интоксикацию, высокую температуру тела, озноб, боль в груди, усиливающуюся при движениях рукой.

Железа несколько приподнята, отмечается болезненность при пальпации, особенно при смещении. Изменения кожи при этом виде мастита не отмечается.

По клиническому течению маститы делятся на серозные, инфильтративные, абсцедирующие, флегмонозные и гангренозные. Эти формы, сменяя одна другую, могут быть фазами течения воспалительного процесса.

Обычно заболевание начинается внезапно, почти всегда в одной из молочных желез. Появляется озноб, температура тела достигает +38,5—39°С, явления общей интоксикации: головная боль, снижение аппетита, бессонница. Раньше остальных симптомов появляется боль в молочной железе, количество молока резко уменьшается, сама железа увеличивается в размерах, кожа вначале нормальной окраски, затем появляется локальное покраснение. При гнойном мастите состояние становится более тяжелым, температура тела может дойти до +39—40°С. При образовании абсцессов наблюдаются колебания утренней и вечерней температуры тела до 1—2°С.

Лечение начинают при первых симптомах заболевания. Иногда требуется лишь уменьшить повышенное давление в ткани молочной железы, что достигается кормлением ребенка или сцеживанием молока. Если заболевание перешло в серозную стадию, показаны тепловые процедуры, влажное и сухое тепло в виде согревающего компресса, грелок, физиотерапевтических процедур, повязок с камфарным маслом, различного рода согревающими бальзамами. В значительной части случаев благодаря своевременному, правильно проведенному лечению в начальных серозных и инфильтративных стадиях заболевания удается ликвидировать воспаление.

Индийский лук останавливает заболевание на любой стадии, предотвращает дальнейшее развитие мастита. Птицемлечник обладает мощным обезболивающим действием, усиливает приток крови к тканям, тем самым удаляя скопление вредных веществ, оттягивает гной, что облегчает состояние больных. Индийский лук можно непосредственно прикладывать, слегка помяв листок, к больному месту, но можно также использовать предлагаемые рецепты для комплексного воздействия на воспаление.

При первых тревожных симптомах (застое молока, легких болях) используют слабую спиртовую настойку индийского лука (1:30). Готовую настойку 1:10 лучше разбавить не спиртом, а водой. В настойке следует смочить тампон и добавить несколько капель хвойного бальзама (масло сосновых почек и ментоловое масло в примерно равных пропорциях). Протирать этой смесью грудь как можно чаще после кормления.

Также можно использовать водный настой индийского лука.

Требуется: 15 г листа индийского лука, 10 г семян укропа, 1 л кипятка.

Приготовление: измельченный лист смешать с укропом и залить кипятком на 20 минут.

Применение: обмывать грудь перед каждым кормлением. Для повышения количества молока можно одновременно принимать настой семян укропа (15 г семян на 1 стакан кипятка).

Как только поднялась температура тела и начался озноб, показан спиртовой компресс с грелкой. Настойку индийского лука смешать с отваром тысячелистника в пропорции 2 : 1, смочить компресс, наложить его на больное место, сверху накрыть горячей грелкой (но не выше +60—70° С). Компресс менять после испарения спирта.

Настой зверобоя (10 г сухого вещества на 200 мл кипятка), смешанный с соком 1 листа индийского лука и 2—3 каплями эвкалиптового масла, быстро снимет воспаление на его ранних стадиях.

При высокой температуре следует натирать листом индийского лука больную грудь, виски и переносицу. Это значительно облегчит состояние.

При мастите можно использовать следующий сбор.

Требуется: 2 части листа подорожника большого, 1 часть травы зверобоя продырявленного, 5 частей травы тысячелистника обыкновенного, 3 части листа одуванчика лекарственного, 5 частей листа крапивы двудомной, 3 части листьев мать-и-мачехи обыкновенной, 3 части травы горца птичьего, по 1 части листа толокнянки обыкновенной, почек березы белой, травы лапчатки гусиной, семени укропа огородного, листа брусники обыкновенной, 3 части плодов шиповника майского, 0,5 л воды.

Приготовление: 12 г смеси залить водой. Готовить как настой.

Применение: если пить горячий настой по 0,25 стакана каждый час и натирать больную грудь листом индийского лука, быстро снизится температура тела и воспаление постепенно уйдет.

Мозоль

Мозоль — простое утолщение рогового слоя эпидермиса, способное тем не менее причинять массу неудобств.

Чтобы удалить мозоль, ее необходимо размягчить. Для этого можно использовать кашицу из репчатого лука или картофеля, натертого на терке, разрезанный вдоль лист алоэ, измельченный лист индийского лука.

Картофель и лук кладут между двумя слоями марли, а алоэ и индийский лук накладывают прямо на мозоль.

Сверху прикрывают бумагой для компрессов или полиэтиленом и укрепляют лейкопластырем. Лучше всего компресс сделать на ночь.

Утром размягченный слой нужно соскоблить ножницами или пемзой и смазать мозоль любым кремом. Делайте повязки до тех пор, пока мозоль не исчезнет полностью.

Облысение

Облысение (аллопеция) — отсутствие или выпадение волос. Облысение бывает полным, диффузным (резкое поредение волос) и очаговым (отсутствие волос на ограниченных участках).

Чаще аллопеция наблюдается у мужчин молодого и среднего возраста, основное значение при этом имеет наследственная предрасположенность. Волосы при таком заболевании редко вырастают вновь.

Некоторые тяжелые заболевания (острые инфекции, диффузные заболевания соединительной ткани, эндокринные нарушения, сифилис и др.) могут сопровождаться облысением. Оно способно располагаться на ограниченном участке или занимать всю площадь головы и является следствием токсических или аутоиммунных влияний на волосяные фолликулы. Иногда также наблюдается выпадение волос в виде округлой формы очагов различной величины. Причина подобной патологии неизвестна. В основе этого заболевания, возможно, лежат нарушения питания волос.

При выпадении волос помогут следующие рецепты, содержащие индийский лук.

1. *Требуется:* 15 г вербы, 15 г лопуха большого, 1 л воды, 4 ст. л. настоя индийского лука.

Приготовление: 4 ст. л. сырья отварить 10 минут в воде, настаивать 30 минут и процедить, смешать с настоем индийского лука.

Применение: для мытья головы через день.

2. *Требуется:* 15 г корня лопуха большого, 15 г аира, 15 г шишек хмеля, 1 л воды, 4 ст. л. настоя индийского лука.

Приготовление: 6 ст. л. сырья отварить 10 минут в воде. Настаивать 30 минут и процедить. Смешать с настоем индийского лука.

Применение: использовать для мытья головы 2 раза в день.

3. *Требуется:* 15 г мать-и-мачехи, 15 г крапивы, 1 л кипятка, 4 ст. л. настоя индийского лука.

Приготовление: 6 ст. л. сырья залить кипятком, настаивать 30 минут и процедить. Смешать с настоем индийского лука.

Применение: для мытья головы.

4. При выпадении волос 3 раза в неделю мыть голову в отваре из смеси равных частей аира и лопуха, добавляя иногда в отвар 2 горсти шишек хмеля и настой индийского лука.

5. Три раза в неделю мыть голову в крепком отваре вереска, корней крапивы жгучей. Время от времени к смеси полезно добавлять шишки хмеля, настой индийского лука.

6. При выпадении волос и вообще при болезнях кожи головы 2 раза в неделю полезно мыть голову в отваре корня лопуха (20 г), цветов ноготков — (10 г), шишек хмеля (15 г) на 1 л воды. Добавить 4 ст. л настоя индийского лука.

7. *Требуется:* 20 г коры ивы, 20 г корня лопуха, 1 л воды, 4 ст. л. настоя индийского лука.

Приготовление: 4 ст. л. смеси кипятить 15 минут в воде. Остудив, процедить, добавить настой индийского лука.

Применение: втирать в кожу головы при выпадении волос.

8. *Требуется:* 30 г листьев крапивы, 30 г листьев мать-и-мачехи, 30 г корневищ аира, 1 л воды, 4 ст. л. настоя индийского лука.

Приготовление: 6 ст. л. смеси кипятить 10 минут в воде. Укутать на 1 час. Когда смесь остынет, процедить и добавить настой индийского лука.

Применение: отваром мыть голову 3 раза в неделю при выпадении волос.

9. В кипяченую воду, слегка теплую, но не выше +40—50°С, добавить мед (на 1 л воды 2 ст. л.), настой индийского

лука — 4 ст. л. Средство втирать в кожу головы 2 раза в неделю. Укрепляет волосы и способствует их росту.

10. Ополаскивать волосы несколько раз теплой водой с добавлением натурального лимонного сока или столового уксуса (на 1 л воды 2 ч. л. лимонного сока или 1 ст. л. уксуса) и настоя индийского лука — 4 ст. л.

11. Средство для укрепления волос при их обильном выпадении.
Требуется: 5 ст. л. лукового сока, 5 ст. л. сока чеснока, 4 ст. л. настоя индийского лука.
Приготовление: все смешать.
Применение: смесь втереть в кожу головы. Оставить на 20 минут, затем смыть.

12. Средство для укрепления волос при обильном их выпадении.
Требуется: 100 г измельченных листьев крапивы, 0,5 л кипятка, 0,5 л уксуса, 4 ст. л. настоя индийского лука.
Приготовление: крапиву залить кипятком с уксусом. Поставить на огонь, довести до кипения. Уменьшить огонь и варить 30 минут, процедить, добавить настой индийского лука.
Применение: перед сном, вечером, мыть отваром голову без шампуня.

13. *Требуется:* 1 ст. л. коньяка, 4 ст. л. лукового сока, 2 ст. л. настоя индийского лука, 6 ст. л. отвара корня репейника.
Приготовление: все смешать.
Применение: втирать в корни волос.

14. При обильном выпадении волос.
Требуется: 8 ст. л. липового цвета, 0,5 л воды, 3 ст. л. настоя индийского лука.

Приготовление: залить траву водой, поставить на огонь, довести до кипения. Кипятить 20 минут. Остудить, процедить, добавить настой индийского лука.

Применение: мыть отваром голову.

15. Средство для укрепления волос при обильном их выпадении.

Требуется: 3 ст. л. измельченного корня аира, 0,5 л уксуса, 2 ст. л. настоя индийского лука.

Приготовление: корень аира залить уксусом. Поставить на огонь, довести до кипения. Уменьшить огонь и варить 30 минут, процедить. Добавить настой индийского лука.

Применение: отваром ополаскивать волосы после мытья.

Педикулез

Педикулезом называется заражение вшами, живущими в волосах (Pediculus humanus или capitis), одежде (corporis), на лобковых, подмышечных волосах, на ресницах (Pthiruspubis), питаясь кровью. Их яйца (гниды) прикрепляются к волосам и к одежде. Инфекция передается при тесном контакте, при обмене одеждой без предварительной стирки и проглаживания, в условиях скученности, при длительном использовании грязной одежды и постельного белья. Вши переносят эпидемический возвратный тиф, сыпной тиф и окопную лихорадку.

Головные вши вызывают зуд волосистой части головы, шеи, плеч с образованием корок и слипанием волос. Поражения платяной вошью локализуются в области шеи, сопровождаются гиперпигментацией и усилением кожного рисунка и типичны при вшивости у бродяг. Лобковые вши вызывают интенсивный лобковый, подмышечный и ресничный зуд.

При вшивости сок, настой или отвар петрушки наносят и втирают в пораженные участки. Затем накладывают компресс (марлю, пропитанную разбавленной настойкой индийского лука) на 1 час, после чего необходимо тщательно вымыться.

От зуда кожи, часто сопровождающего педикулез, помогают рецепты с добавлением индийского лука.

1. *Требуется:* 15 г коры вербы, 15 г корня лопуха большого, 1 л воды, 4 ст. л. настойки индийского лука.

Приготовление: 4 ст. л. сырья кипятить 10 минут в воде, настаивать 30 минут и процедить, смешав с настойкой индийского лука.

Применение: для мытья головы.

2. *Требуется:* 15 г корня лопуха большого, 15 г корня аира, 15 г шишек хмеля, 1 л воды, 3 ст. л. настойки индийского лука.

Приготовление: 6 ст. л. сырья кипятить 10 минут в воде. Настаивать 30 минут и процедить. Смешать с настойкой индийского лука.

Применение: использовать для мытья головы 2 раза в день. Это избавит от зуда кожи.

3. *Требуется:* 15 г листьев мать-и-мачехи, 15 г крапивы, 4 ст. л. настойки индийского лука, 1 л кипятка.

Приготовление: 6 ст. л. сырья залить кипятком и настаивать 30 минут, процедить. Смешать с настойкой индийского лука.

Применение: для мытья головы.

Себорея

Себорея — нарушение функции сальных желез, характеризующееся преимущественно усиленным выделением неполноценного кожного сала. Изменяются свойства кожного сала, что снижает бактериостатические свойства кожи и способствует развитию вторичной инфекции.

Причина возникновения себореи до конца не изучена. В развитии заболевания играют роль функциональные нервно-эндокринные нарушения, в частности вегетативная дистония. Эндокринные сдвиги выражаются в нарушении соотношения между андрогенами и эстрогенами — мужскими и женскими половыми гормонами (повышение уровня андрогенов при снижении эстрогенов). Возможно, нервно-эндокринные нарушения при себорее обусловлены первичной патологией головного мозга, поскольку явления себореи обычно резко выражены при энцефалитах, болезни Паркинсона, диэнцефальных расстройствах. Себорея усиливается от употребления острой, соленой и сладкой пищи.

Себорея может развиваться на любом участке кожи, но обычно она возникает там, где сальных желез особенно много и где они имеют наибольшую величину: на волосистой части головы, лице, груди и спине. Заболевание особенно часто встречается в пубертатном периоде. Пораженные участки кожи имеют влажный, сальный вид с характерным блеском. Поры сальных желез расширены, нередко закупорены темными пробками («черные угри»).

Кожа часто утолщается, приобретает грязновато-серый оттенок. Все это придает коже сходство с апельсинной или лимонной коркой. Волосы сальные, отмечается себорейное облысение. Нередко возникают сальные кисты в виде мелких желтовато-белых узелков («белые угри»).

Себорея часто осложняется перхотью и угрями. Перхоть — диффузное шелушение кожи волосистой части головы. Обычно она не сопровождается воспалительными явлениями. Возникновение перхоти обусловлено активацией бактерий, внедряющихся в эпидермис и нарушающих его нормальное ороговение.

Индийский лук довольно эффективен при себорее, он также поможет справиться с перхотью. Сок индийского лука снимет воспаление, уничтожит всех микробов.

Используйте следующие рецепты.

1. *Требуется:* 15 г вербы, 15 г лопуха, 1 л воды, 2 ст. л. настоя индийского лука.

Приготовление: 4 ст. л. сырья кипятить 10 минут в воде, настаивать 30 минут и процедить, смешивая с настоем индийского лука.

Применение: для мытья головы через день при перхоти и зуде кожи.

2. *Требуется:* 15 г корня лопуха, 15 г корня аира, 60 г шишек хмеля, 4 ст. л. настоя индийского лука, 1 л воды.

Приготовление: 6 ст. л. сырья кипятить 10 минут в воде. Настаивать 30 минут и процедить. Смешать с настоем индийского лука.

Применение: использовать для мытья головы 2 раза в день при перхоти и зуде кожи.

3. Можно делать примочки из корня алтея (6 г на 1 стакан холодной воды) с добавлением настойки индийского лука.

Глава 4
ИНДИЙСКИЙ ЛУК В КОСМЕТОЛОГИИ

Одно из благотворных свойств индийского лука — активизация обменных процессов в тканях организма, и в первую очередь в коже. Сам по себе индийский лук не имеет ярко выраженных косметических свойств, но в сочетании с другими полезными веществами способен творить поистине чудеса. Особенно благоприятно он действует на ослабленную кожу, нуждающуюся в укреплении и питании.

Поможет он и при недостатке витаминов в коже, волосах, ногтях. Гиповитаминоз приводит к плачевным последствиям: могут выпадать волосы, тускнеть и слоиться ногти, кожа становится менее упругой и теряет здоровый цвет. Расскажу немного о витаминах — как никакие другие полезные вещества, они помогают поддерживать организм в хорошей форме.

На сегодняшний день известны 15 групп витаминов и 7 витаминоподобных веществ. Витамины делятся на жирорастворимые и водорастворимые. Наиболее важную роль в поддержании здоровья играют жирорастворимые витамины, также называемые гормоновитаминами. Они входят в состав клеточных оболочек (мембран) и обеспечивают здоровье всех тканей.

Группа водорастворимых витаминов, или энзимовитаминов, играет в организме роль помощников ферментов. Они выполняют «подсобную» работу в сравнении с жирорастворимыми витаминами, но крепкому и сильному организму необходима слаженная работа всех без исключения полезных веществ.

Важно, что жирорастворимые витамины усваиваются организмом только при достаточном содержании жиров в пище. Если вы сидите на диете и принимаете поливитамины, эффект от них окажется не таким сильным. Выход — включить в рацион легкие масла, которые не содержат холестерина, особенно вредного для организма, но в достаточной мере обеспечат усвоение витаминов. Это соевое, кукурузное, подсолнечное, льняное, оливковое масла, а также тыквенные и подсолнечные семечки, некоторые орехи.

Обеспечьте «проблемным» участкам тела — ногтям, волосам — «местное» снабжение витаминами. В этом деле вашим незаменимым помощником станет индийский лук.

Для этих целей пригодятся мази, маски, лосьоны, приготовленные на основе слабого водного настоя индийского лука.

Приготовить его можно следующим образом: измельченный лист индийского лука залить горячей, но не кипящей водой в пропорции 1 ч. л. сырья на 1 л воды и настаивать 20 дней в темном теплом месте. Процедить и использовать как компонент в нижеследующих рецептах.

Если ногти становятся ломкими, расслаиваются, теряют здоровый блеск или желтеют, это свидетельствует о нехватке витаминов и микроэлементов, необходимых для организма. Прием поливитаминов зачастую решает такие проблемы, но не всегда нужная доза активных веществ доходит до всех тканей. Быстро вернуть красоту ногтям помогут витаминные ванночки. Рецепт для них один: настой индийского лука развести очень горячей водой до половины и добавить витаминный наполнитель. Как его приготовить?

Витамины группы В в большом количестве содержатся в ржаном хлебе. Это один из самых безвредных источников витаминов, и передозировка здесь невозможна.

Приведу рецепт витаминной вытяжки из хлеба: корочку черного хлеба замочить в теплой воде, немного подогреть (не кипятить!), размять и размешать в ванночке. Ванночку принимать до тех пор, пока вода не остынет. Затем руки ополоснуть и смазать нежирным дневным кремом.

Морковь — кладезь витамина А и очень полезного для организма провитамина А (каротина). Правда, это вещество считается сильным желтым красителем, поэтому использовать его нужно в меру, иначе желтизну отмыть будет сложно. Чтобы по возможности нейтрализовать «побочное» действие каротина, в ванночку следует добавить несколько капель огуречного экстракта, а витаминную вытяжку из моркови готовить, добавляя петрушку. Морковь следует натереть на мелкой терке, отжать сок, положить в него веточку петрушки и немного подогреть, не доводя до кипения. Вместе с петрушкой сок вылить в ванночку.

Брусника содержит огромное количество полезных веществ: микроэлементов и витаминов, причем листья едва ли не полезнее ягод.

Брусничный витаминный настой следует готовить следующим образом. Ягоду и листья залить очень горячей, но не кипящей водой и оставить на 2—3 дня в темном месте. Настой отфильтровать и добавлять в ванночки. Брусника, помимо прочих свойств, обладает бактерицидным и обеззараживающим действием, поэтому брусничные ванночки помогут избежать любых воспалительных процессов, вылечить заусенцы.

Если после применения ванночки с индийским луком смазывать руки вместо крема оливковым маслом, кожа и ногти обогатятся витамином Е, необходимым для сохранения молодости.

Примечание: после ванночек с индийским луком не стоит делать маникюр или срезать мозоли, поскольку кровообращение в тканях усилено, кожа раздражена, и механическое воздействие вызовет неприятные ощущения. Лучше дать коже отдохнуть.

Также в течение 30 минут после процедуры лучше не заниматься стиркой и мытьем посуды.

ГЛАВА 4

КОСМЕТИЧЕСКИЕ МАСКИ ДЛЯ ВОЛОС

Если волосы тускнеют, растут медленно, секутся, это говорит о плохом питании кожи головы. Существует огромное количество специальных средств и шампуней, ухаживающих за ослабленными волосами, но не все они доступны.

Индийский лук — самый простой выход, если волосы растут медленно, вяло, секутся и теряют здоровый блеск. Достаточно полоскать волосы после каждого мытья втрое разбавленным настоем индийского лука, и через месяц вы заметите, что они стали расти значительно быстрее, чем прежде.

После ополаскивания волосы лучше не сушить феном, а расчесывать только деревянной расческой. Хочу предложить вашему вниманию несколько рецептов для быстрого роста и оздоровления волос, хорошо сочетающихся с применением настоя индийского лука.

Наши предки прекрасно знали рецепты природного здоровья и красоты.

Приведу рецепт кельтского снадобья, которым женщины в древности мыли волосы, чтобы те стали красивыми и шелковистыми.

Яичный желток следует смешать с древесной золой, лучше всего вишневого дерева, до получения пены, похожей на мыльную (жир, содержащийся в желтке, смешивается с золой — таков рецепт первого мыла на земле). Смесью нужно намылить волосы, долго массировать голову и смыть.

Если оставить смесь на голове на некоторое время, волосы немного обесцветятся. Это полезная природная замена химическим осветляющим средствам. Смывать смесь можно настоем индийского лука, что усилит благотворное воздействие древнего шампуня. Волосы станут сильными и шелковистыми.

Существует эффективный рецепт шампуня для поврежденных волос.

Требуется: 150 г ржаного хлеба, 1 стакан настоя индийского лука.

Приготовление: хлеб размочить в теплой воде, приготовить настой индийского лука.

Применение: хлебом натереть сначала кожу головы, а затем втереть его в волосы по всей длине. Массировать 5—10 минут, смыть хлеб настоем индийского лука, разведенным теплой водой (1:3), затем промыть волосы от крошек.

Компресс из персикового масла для сухих волос

Требуется: 100 г персикового масла, 2 ст. л. настоя индийского лука.

Приготовление: персиковое масло смешать с настоем индийского лука и подогреть до температуры +50° С.

Применение: смочить маслом салфетку, наложить на голову и замотать водонепроницаемой косынкой. Компресс держать около 1 часа, затем смыть большим количеством воды.

Вишневый лосьон для жирных волос

Требуется: 450 г вишни, 1 ч. л. спиртовой настойки индийского лука.

Приготовление: сок вишни смешать со спиртовой настойкой индийского лука.

Применение: лосьон втирать в кожу головы за 1 час до мытья волос.

Маска-обертывание для жирных волос

Требуется: 1 ст. л. касторового масла, 1 ст. л. сока алоэ, 1 ст. л. меда, 1 ст. л. настоя индийского лука.

Приготовление: все перемешать в равных пропорциях.

Применение: втереть в волосы, затем закрыть их купальной шапочкой и замотать полотенцем. Через 15 минут смыть шампунем. Курс лечения — 3 раза.

Травяной бальзам против перхоти

Требуется: 1 ст. л. сухих измельченных листьев крапивы, 1 ст. л. сухих измельченных листьев мать-и-мачехи, 1 ст. л. сухих измельченных листьев зверобоя, 0,3 стакана настоя индийского лука.

Приготовление: травы залить разбавленным настоем индийского лука, подогреть до +80°С и настаивать под крышкой 30 минут.

Применение: процеженный настой втирать в кожу головы 2—3 раза в неделю.

Картофельная маска при интенсивном выпадении волос

Требуется: 1 крупный клубень картофеля, 2 ст. л. сока алоэ, 1 ст. л. меда, 1 ст. л. настоя индийского лука, 1 ст. л. овсяной муки.

Приготовление: клубень картофеля натереть на терке, отжать сок, смешать с соком алоэ, медом, настоем индийского лука и овсяной мукой.

Применение: маску круговыми движениями втереть в кожу головы и на 2 часа укрыть полотенцем. Затем промыть шампунем.

Проводить процедуру не менее 2 раз в неделю. Полное выздоровление должно наступить примерно через месяц.

Маска для восстановления поврежденных волос

Требуется: 1 желток, 1 ст. л. меда, 1 ст. л. спиртовой настойки индийского лука, 1 ст. л. репейного масла, 1 ст. л. лимонного сока.

Приготовление: все смешать, подогреть на водяной бане, не позволяя закипать. Предложенное количество ингредиентов необходимо для коротких волос. Для длинных волос количество ингредиентов увеличить вдвое или втрое.

Применение: смесью смазать корни волос и сами волосы, укутать полотенцем и держать около 1 часа. Наносить маску до 2 раз в неделю. Чтобы отрастить длинные волосы, эту маску нужно делать еженедельно в течение года, и ваши длинные волосы станут шелковистыми, блестящими и прочными.

Крапивный ополаскиватель для нормальных волос

Требуется: 50 г измельченных листьев крапивы и корней лопуха, 0,5 л настоя индийского лука.

Приготовление: сырье залить подогретым настоем индийского лука. Смесь прокипятить 20 минут, довести объем кипяченой водой до исходного, остудить, процедить.

Применение: ополаскиватель подходит для каждодневного использования.

КОСМЕТИЧЕСКИЕ ВАННЫ

Каждой женщине в возрасте после 25 лет пора задуматься о том, как сохранить здоровую упругую кожу надолго, и речь идет не только о лице. Чтобы тело оставалось красивым, необходимо следить за состоянием кожи, не злоупотреблять загаром и принимать меры для улучшения здоровья кожи. В этом помогут тонизирующие и витаминные ванны.

Давно известно волшебное действие ванн с морской солью. Они помогают расслабиться, делают кожу приятной на ощупь, помогают избавиться от некоторых дерматологических проблем. Это часть талассотерапии — одного из самых древних способов щадящего лечения. Настой индийского лука делает ванну с морской солью вдвое полезнее.

В готовую ванну следует добавить 0,5 стакана настоя и полежать в целебной воде 15—30 минут. Затем нужно принять прохладный душ и, не вытираясь полотенцем, тщательно намазать тело оливковым маслом. Непременно возникнет чувство очищения и отдыха всего тела, а кожа станет нежной и здоровой.

Можно также использовать рецепт ванны с солью, индийским луком и сливками. Она помогает отлично расслабиться и сделает кожу необыкновенно нежной.

Ванна с морской солью

Требуется: 150 г морской соли, 2 ст. л. настойки индийского лука, 1 стакан жидких сливок.

Приготовление: морскую соль растворить в воде. Настойку индийского лука смешать с жидкими сливками и влить в ванну после полного растворения соли.

Применение: принимать ванну в течение 10—15 минут.

Крапивная ванна для проблемной кожи

Требуется: 200—300 г сушеной крапивы или 1 кг свежей крапивы, 2 л воды, 0,5 л настоя индийского лука.

Приготовление: крапиву залить водой, добавить настой индийского лука, поставить на огонь, довести до кипения, уменьшить огонь и кипятить 5 минут под крышкой. Затем дать отвару постоять 20 минут. Процедить и вылить в ванну с горячей водой (+38°C).

Применение: принимать ванну 15—20 минут.

Ванна для снижения веса

Требуется: 130 г питьевой соды, 150 г морской соли, 1 ст. л. лавандового масла, 1 ст. л. сока индийского лука или спиртовой настойки.

Приготовление: в ванну с теплой водой добавить все ингредиенты.

Применение: в ванне следует находиться около 20 минут, после чего полежать в постели 15 минут, укрывшись одеялом.

Если проводить процедуру каждые 2 дня, за пару месяцев вы можете без диет и упражнений сбросить 3—4 кг.

Успокаивающая ванна, снимающая кожный зуд

Требуется: 100 г дубовой коры, 50 г листа индийского лука, 2 л воды.

Приготовление: сырье измельчить, положить в эмалированную посуду, залить водой, прокипятить 15—20 минут, охладить при комнатной температуре 30 минут, процедить, отжать сырье, перелить в стеклянную посуду с крышкой. Хранить не более 2 суток.

Применение: принимать теплую ванну (температура воды +35—40°C) с 1 л дубового отвара, после ванны не вытираться полотенцем, а дать телу обсохнуть.

КОСМЕТИЧЕСКИЕ МАСКИ ДЛЯ ЛИЦА

Если необходимо в короткий срок отбелить лицо (сделать цвет лица нежнее и естественнее), можно воспользоваться рецептом яичной маски с индийским луком.

Отбеливающая и питательная яичная маска

Требуется: 1 белок, 1 лист индийского лука, 1 лимон, 2 ч. л. сахарной пудры, 0,5 стакана воды.

Приготовление: белок взбить в пену. Взбивая, добавлять по капле сок листа индийского лука с соком лимона. Добавить сахарную пудру, влить воду. Перемешать все в миксере.

Применение: наносить на кожу ватным тампоном. Через 30 минут невпитавшиеся остатки удалить питательным молочком.

Маска для удаления возрастных пятен

Требуется: 5 г пивных дрожжей, 2 ч. л. 3%-ной перекиси водорода, 1 ч. л. сока индийского лука.

Приготовление: дрожжи смешать с перекисью водорода и добавить сок индийского лука.

Применение: маску нанести на лицо на 10 минут, смыть теплой водой.

Маска для сухой кожи

Требуется: 1 ст. л. сухой измельченной коры дуба, 1 стакан кипятка, 1 ч. л. настойки индийского лука, 1 ч. л. глицерина.

Приготовление: кору положить в эмалированную кастрюлю, залить кипятком, накрыть крышкой и нагревать на водяной бане 30 минут, охладить при комнатной температуре 15 минут, процедить, отжать сырье, перелить в стеклянную посуду, добавить настойку индийского лука и глицерин, плотно закрыть пробкой, перемешать до однородной массы, хранить в темном месте.

Применение: полученной жидкостью 2—3 раза в день протирать кожу, не вытирать, дать ей обсохнуть.

Примочки от жирной себореи кожи

Требуется: 1 ст. л. сухой измельченной коры дуба, 1 ст. л. листа индийского лука, 1 стакан воды.

Приготовление: измельченное сырье положить в эмалированную посуду, залить кипятком, накрыть крышкой, прокипятить 15—20 минут, охладить при комнатной температуре в течение 25 минут, процедить, отжать сырье, перелить в стеклянную посуду с пробкой. Хранить не более 2 суток.

Применение: ежедневно делать примочки на больные места.

Средство от грибковых заболеваний кожи

Требуется: 10 г водяного перца, 1 ст. л. измельченной травы череды, 1 ст. л. фиалки трехцветной (анютины глазки), 1 ч. л. сока индийского лука, 1 стакан воды.

Приготовление: сырье соединить, все тщательно перемешать, залить кипятком, накрыть крышкой, настоять в теплом месте в течение 1 часа. Процедить, отжать сырье, перелить в стеклянную посуду с пробкой. Хранить в темном месте не более 2 дней.

Применение: приготовленным средством протирать пораженные участки кожи 1 раз в день.

Приложение

РЕКОМЕНДАЦИИ ПО СБОРУ И ХРАНЕНИЮ ИСПОЛЬЗУЕМЫХ В КНИГЕ ТРАВ И РАСТЕНИЙ

Адонис весенний (горицвет), Adonis vernalis L. Используют траву, собираемую в период цветения растения до начала осыпания плодов. Сушат при температуре +30—40°С. Хранят с предосторожностью в сухом, хорошо проветриваемом помещении. Активность контролируют ежегодно.

Аир болотный, Acorus calamus L. Корневище аира собирают в сентябре — октябре, отмывают от земли, но не очищают от пробкового слоя, освобождают от корней, остатков листьев и стеблей, провяливают на открытом воздухе, разрезают на куски 20—30 см. Сушат при температуре +25—30°С (не более). Хранят в хорошо укупоренных жестянках. Срок годности сырья — 3 года.

Акация белая (робиния), Robina pseudoacacia L. Цветет в мае — июне. В народной медицине применяют цветки и кору молодых ветвей. Срок хранения сырья — 1 год.

Алоэ древовидное, Aloe arborescens Mill. Листья алоэ с промышленной целью собирают с конца октября до половины ноября: срезают нижние и средние листья, достигшие 15 см. С домашних растений листья используют круглый год.

Алтей лекарственный, Althea officinalis L. Собирают корни осенью и весной от растения не моложе двухлетнего возраста, быстро моют в проточной воде, не допуская ослизнения, режут на куски (для получения очищенного корня освобождают от пробкового слоя) и высушивают немедленно после сбора при температуре +30—40°C при хорошей вентиляции. Правильно высушенные корни сохраняют естественную беловатую окраску. Срок хранения — 3 года.

Анис обыкновенный, Anisum vulgare Gaerth. Для медицинских целей используют зрелые плоды, заготавливаемые во время их полного созревания (до побурения) на центральных зонтиках, когда на остальных зонтиках они еще зеленые. Срок хранения — 3 года.

Арника горная, Arnica montana L. Цветет в июне—июле, плоды созревают в июле — августе. Лекарственное сырье — цветки. Растение включено в Красную книгу СССР! Собирают цветочные корзинки со стеблями не более 1 см в начале цветения во 2—3-й декадах июня, сушат быстро, рассыпав тонким слоем на бумаге или ткани, на чердаках, в сараях, под навесами или в сушилках при температуре +50—60°C. Срок годности сырья — 2 года.

Багульник болотный, Ledum palustre L. Используют молодые побеги с листьями. Наибольшее количество эфирного масла накапливается в молодых листьях. Молодые однолетние неодревесневшие побеги длиной до 10 см с листьями срезают после цветения.

Сушат на чердаках с хорошей вентиляцией или под навесами с хорошо прогревающейся крышей, разложив сырье слоем 5—7 см, периодически его вороша, при температуре не выше 30°C. После высушивания грубые стебли удаляют. Высушенные листья мало изменяют вид и цвет.

При сушке и сборе необходимо соблюдать осторожность — возможны отравления. Хранят отдельно от других растений в хорошо укупоренных банках. Срок хранения — 2 года.

Барбарис обыкновенный, Berberis vulgaris L. Ветвистый кустарник, ветви которого усажены трехраздельными колючками. Цветет в мае — июне. Плоды созревают в августе — сентябре. Лекарственное сырье — корень и лист. Плоды собирают по мере созревания, так как незрелые ягоды ядовиты. Корни заготавливают после созревания плодов поздней осенью, подвергают сушке. Срок хранения — 3 года.

Барвинок малый, Vinca minor L. Вечнозеленое растение, имеющее шнуровидное корневище длиной до 70 см, развивающееся горизонтально на глубине 1—5 см. Цветет в мае, иногда вторично в июле — августе. Плодоносит редко, в июне. Лекарственное сырье — трава.

Заготавливают траву с весны до июля, срезая ее на высоте 1—5 см от поверхности земли и оставляя горизонтальные, укореняющиеся побеги. Сушат 7—10 дней под навесами или на чердаках с хорошей вентиляцией, разложив слоем 3—5 см и периодически перемешивая. После сушки удаляют грубые стебли.

Хранят в проветриваемых помещениях, поскольку сырье ядовито! Срок годности сырья — 1 год.

Бедренец камнеломковый, Pimpinelle saxifrage L. Многолетнее травянистое растение из семейства зонтичных, высотой до 60 см, с веретеновидным корнем. Цветет в июле — августе, плоды созревают в августе — сентябре.

В лечебных целях используют корневища и корни бедренца, которые выкапывают осенью, после отмирания надземной части. Собранное сырье промывают в холодной проточной воде и сушат в хорошо проветриваемых помещениях или в тени, раскладывая слоем в 3 см на бумаге или ткани. Срок годности сырья — 3 года.

Береза повислая, Betula pendula Roth. Почки березы собирают зимой и ранней весной, нераспустившиеся, набухшие, смолистые.

Сушат в тени под навесом или в сушилках при температуре +25—30°C. Сок собирают весной, делая надсечки коры березы в начале сокодвижения. Срок хранения почек — 2 года.

Бессмертник песчаный, Helychrysum arenarium (L.) Moench. Собирают в июле — августе не полностью распустившиеся корзинки, сушат в тени, хранят в темном месте. Срок годности сырья — 3 года.

Бобовник анагироидный, Laburnum anagyroides Medic. Кустарниковое растение или небольшое деревце. Используют все части растения, особенно семена. Все растение собирают в апреле — мае. Сушат в тени и хранят в темном месте. Срок годности сырья — 1 год.

Болиголов крапчатый, Conium maculatum L. Растение имеет неприятный (мышиный) запах. Цветет в июне — июле. Используемая часть: трава (стебли, листья, цветки), семена. Растение ядовито! Срок годности сырья — 3 года.

Боярышник кроваво-красный, Crataegus sanguinea Pall. Цветки собирают целыми щитками в начале цветения в сухую погоду, сушат при хорошей вентиляции в помещениях или сушилках, разложив тонким слоем на бумаге или ткани. Плоды собирают спелыми, целыми щитками, сушат при температуре +50—60°C, после высушивания отделяют плодоножки, пустые щитки и испорченные плоды. Срок годности сырья — 2 года.

Будра плющевидная, Glechoma hederacea. Многолетнее травянистое растение. В качестве целебного сырья собирают все растение во время цветения в мае — июле. Сушат в тени и хранят в сухом темном месте. Срок годности сырья — 1 год.

Бузина черная, Sambucus nigra L. Цветки бузины срезают до начала осыпания венчиков, быстро сушат, разложив на бумаге или ткани на чердаках, под навесами при температуре +30—35°C. Высушенные соцветия обмолачивают, отделяя цветки от цветоносов.

Сырье легко отсыревает и плесневеет, поэтому хранить его следует в хорошо проветриваемых помещениях. Срок хранения сырья — 6 месяцев.

Буквица лекарственная, Betonica officinalis L. Многолетнее травянистое растение. В качестве целебного сырья используют листья, стебли с листьями и цветками, иногда корни. Траву собирают в июне — августе. Сушат в тени и хранят в сухом темном месте. Срок годности сырья — 1 год.

Валериана лекарственная, Valeriana officinalis L.S.L. Многолетнее растение высотой до 1,5 м. Корневище небольшое, длиной до 1—1,5 см, с густыми буровато-желтыми придаточными корнями длиной 10—30 см, толщиной 1—4 мм. Цветет в июне — августе, плодоносит в июле — сентябре.

Лекарственное сырье — корневища и корни. Применяется также трава. Практически используются разные виды валерианы лекарственной: волжская, болотная, русская, побегоносная, холмовая, бузинолистная, Фори, заенисейская, очереднолистная, Гроссгейма, армянская, блестящая. Собранные в сентябре или октябре (на Кавказе — в конце лета или поздней осенью) корни очищают от земли, быстро промывают в холодной воде, раскладывают тонким слоем в закрытом помещении на 2 суток, ворошат 2—3 раза в день, затем сушат в сушилках при температуре +35—40°C.

Высохшие корни желто-бурого цвета длиной от 6 до 15 см и более, на изломе светло-бурого цвета, ломкие, с сильно пряным запахом, сладковато-горьким вкусом.

Траву валерианы скашивают в период бутонизации и цветения и высушивают. Срок хранения корней и корневищ — 3 года.

Василек синий, Centaurea cyanis L. Сбор цветков производится в период полного цветения. Цветки выдергивают из сорванных корзинок и немедленно сушат в темном, хорошо проветриваемом помещении.

Срок годности сырья — 2 года. Василек предложен к исключению из реестра — исчезающий вид.

Вахта трехлистная (трилистник водяной), Menyanthes trifoliata L. Собирают только вполне развитые листья после цветения и во время цветения растения, быстро сушат в сушилках при температуре не выше 50—60°C. Остатки черешков — длиной не более 3 см. Срок годности сырья — 2 года.

Верба (ива остролистная), Salix acutifolia Willd. Многолетнее деревянистое растение. Лекарственным сырьем служит кора. Кору собирают в апреле — мае. Сушат в тени и хранят в сухом темном месте. Срок годности сырья — 4 года.

Вербена лекарственная, Verbena officinalis L. Растение многолетнее, травянистое, высотой до 1 м. Лекарственное сырье — надземная часть с цветами. Траву собирают в июле — августе. Сушат в тени и хранят в сухом темном месте. Срок годности сырья — 1 год.

Вереск обыкновенный, Calluna vulgaris (L.) Hill. Вечнозеленый ветвистый кустарничек из семейства вересковых высотой до 80 см. Цветет в июле — августе, плоды созревают в августе — сентябре. В лечебных целях используют надземную часть (траву), которую заготавливают в период цветения растения.

Срезают ее ножницами или секаторами без грубых приземистых стеблей и сушат в тени или хорошо проветриваемых помещениях, раскладывая слоем в 3—5 см на бумаге или ткани. Срок годности сырья — 1 год.

Вероника лекарственная, Veronica officinalis L. Мелкий, сильноветвистый, вечнозеленый кустарник. Цветет в мае — июне. Плоды созревают в сентябре. Траву собирают в июне — июле. Сушат в тени и хранят в сухом темном месте. Срок годности сырья — 1 год.

Вишня обыкновенная, Cerasus vulgaris Mill. Лекарственным сырьем являются свежие плоды, собираемые в середине июля, в народной медицине используются плодоножки, высохший сок, листья и молодые побеги. Плоды вишни употребляются в свежем, сушеном и переработанном виде (варенье, наливка, сок и др.).

Вьюнок полевой (березка), Convolvulus arvensis L. Корни собирают в мае и сентябре; траву — с июня по август. Сушат в тени. Срок годности сырья — 2 года.

Гвоздика разноцветная (полевая), Dianthus versicolor Fisch. Лекарственным сырьем служит трава (стебли, листья) и цветки гвоздики. Сбор сырья производится во время цветения. Сушат в тени и хранят в сухом темном месте. Срок годности сырья — 2 года.

Горец змеиный (раковые шейки), Polygonum bistorta L. Осенью или весной до отрастания листьев выкапывают корневище, отрезают корни и стебли, очищают от земли, быстро моют, крупные разрезают на куски и сразу сушат на открытом воздухе, в сушилках или на чердаках, чтобы внутри не побурели. У высушенных корневищ запаха нет, вкус — вяжущий, горьковатый, срок годности — до 6 лет.

Горец почечуйный, Polygonum persicaria L. Срезают ножом верхушки травы без грубых нижних листьев в фазе цветения, сушат быстро при температуре +30—40°С под навесами или на чердаках с хорошо нагреваемой крышей, расстелив слоем 3—5 см на ткани или бумаге, часто переворачивая (при медленной сушке трава чернеет, сырье портится). В отличие от горца перечного высушенное сырье со стеблями до 40 см длиной имеет бурые раструбы, покрытые волосками. Годность сырья — 2 года.

Горец птичий (спорыш), Polygonum aviculare L. Траву в период цветения скашивают под корень, сразу очищают от примесей, пожелтевших и поврежденных листьев, сушат в хорошо проветриваемых помещениях, разложив слоем 2—3 см на бумаге или ткани, часто переворачивая. Хранят в сухом проветриваемом помещении не более 3 лет.

Горечавка желтая, Gentiana lutea L. Многолетнее травянистое растение до 1,2 м высотой. Цветет в июле — августе. Лекарственным сырьем являются корни с корневищами, собираемые весной или осенью. Корневища тщательно очищают от земли, разрезают на части, промывают в холодной воде и высушивают в тени на воздухе или на чердаках и в сушилках при температуре 35—40°C. Хранится сырье в ящиках с крышкой ввиду его гигроскопичности. Срок годности сырья — 5 лет.

Горицвет весенний, Adonis vernalis L. Многолетнее травянистое растение до 60 см высотой. Цветет в апреле — мае. Лекарственным сырьем служит вся надземная олиственная часть, собранная во время цветения и плодоношения растения. Сбор производится срезанием всего растения серпом или ножом. Срезанная трава раскладывается на полотне или решетах и быстро сушится на воздухе в тени или в хорошо проветриваемых помещениях — на чердаках и сушилках. Срок хранения сырья — 2 года.

Гречиха посевная, Fagopyrum esculentum Moench. Однолетнее травянистое растение до 70 см высотой. Лекарственным сырьем являются верхушки цветущих олиственных стеблей — трава и семена. Сбор сырья производится во время цветения (в мае—июне), семян — по мере созревания (в августе). Сушится сырье на воздухе в тени или в сушилках при температуре +30—40°C. Хранение — в хорошо проветриваемом помещении. Срок хранения — 1 год.

Грыжник голый, Herniaria glabra L. Однолетнее травянистое растение 5—15 см высотой. Растение в сухом состоянии пахнет кумарином. Лекарственным сырьем служит трава. Траву собирают во время цветения с мая по июль, сушат в тени на открытом воздухе или под крышей. Срок хранения — 2 года.

Девясил высокий, Inula helenium L. Корневища заготавливают осенью, после созревания семян, выкапывают из земли, быстро моют холодной водой, крупные части разрезают на куски длиной 10—15 см. На концах толстых корневищ делают крестообразные разрезы для более быстрой сушки, 2—3 дня провяливают под навесами на воздухе, затем досушивают в сушилках или духовках при температуре не выше +40°C.

Своеобразный, присущий только сухим корням девясила запах служит признаком при определении достоверности сырья. Срок годности сырья — 3 года.

Донник лекарственный, Melilotus officinalis L. Двухлетнее травянистое растение до 1 м высотой. Цветет с июня до осени. Все растение душистое. Лекарственным сырьем служит трава без грубых стеблей, собранная во время цветения.

Сушится трава на воздухе в тени или в хорошо проветриваемом помещении. Хранится в хорошо закрываемых стеклянных или жестяных банках. Срок хранения — 2 года.

Дрок красильный, Genista tinctoria L. Невысокий кустарник с прямостоячими многочисленными стволиками. Цветет в июне—июле, плоды созревают в августе — сентябре. Лекарственным сырьем являются олиственные верхушки веточек с цветками. Сбор производится во время цветения. Сушка сырья ведется в тени на воздухе или в хорошо проветриваемом помещении. Срок годности сырья — 1 год.

Дуб обыкновенный (черешчатый), Quercus robur L. (Quercus pedunculata Ehrh.). Крупное дерево, достигающее 40 (50) м высоты, с мощной, как шатер, кроной. Цветет в апреле — мае, плодоносит в сентябре — октябре. Лекарственное сырье — кора молодых ветвей и стволов. Иногда используют желуди и листья.

Кору собирают весной во время сокодвижения (до распускания листьев) с молодых ветвей и стволов до 10 см в диаметре. На ветвях делают глубокие кольцевые надрезы ножом на расстоянии 30 см, затем снимают трубчатые участки коры.

В хорошую погоду сушат на солнце, в плохую — под навесами или в закрытом, защищенном от дождя, хорошо проветриваемом помещении. Срок годности сырья — 5 лет.

Душица обыкновенная, Origanum vulgare L. Траву собирают во время цветения. Срезают облиственные стебли, расстилают их на бумаге слоем 5—7 см, сушат в проветриваемых помещениях под крышей, периодически перемешивая траву. После высушивания обмолачивают, удаляют грубые стебли. Срок годности сырья — 1 год.

Дымянка аптечная, Fumaria officinalis L. Однолетнее травянистое растение, сизое. Цветет с мая до осени. С лекарственной целью используется все растение, собираемое во время цветения. Хранят траву в сухом темном месте в течение 1 года.

Дягиль лекарственный, Archangelica officinalis Hoffm. Крупное двухлетнее травянистое растение. Цветет с мая по сентябрь. Лекарственным сырьем служит корневище вместе с корнями. Выкапывают корневища осенью первого года вегетации или весной второго (лучше весной). Обмывают водой, очищают от стеблей и высушивают в проветриваемых помещениях, под навесом. Срок годности сырья — 3 года.

Ежевика сизая, Rubus caesius L. Полукустарник из семейства розоцветных высотой до 1,5 м. Цветет с июля до осени, плодоносит в августе. В лечебных целях используют листья ежевики, которые обрывают в период цветения растения.

Очищенное от примесей сырье сушат под навесами или в хорошо проветриваемых помещениях, раскладывая слоем 3—5 см на ткани или бумаге. Срок годности сырья — 2 года.

Желтушник левкойный, Erysimum cheiranthoides L. Лекарственное сырье — трава, без грубых стеблей. Собирается в период бутонизации и цветения.

Сушится немедленно в тени, на чердаках или в сушилке при температуре +50°С. Хранится в сухом, проветриваемом помещении, срок хранения — 6 месяцев.

Живучка ползучая, Ajuga reptans L. Небольшое травянистое многолетнее растение. Цветет в мае — июне. Лекарственным сырьем служит надземная часть растения.

Очищенное от примесей сырье сушат под навесами или в хорошо проветриваемых помещениях, раскладывая слоем 3—5 см на ткани или бумаге. Срок годности сырья — 2 года.

Звездчатка средняя, Stellaria media L. Одно- или двулетнее травянистое растение из семейства гвоздичных высотой до 30 см. Цветет в мае — августе, плоды созревают в августе—сентябре.

В лечебных целях используют надземную часть (траву), которую заготавливают в период цветения растения. Очищенное от примесей сырье сушат под навесами или в хорошо проветриваемых помещениях, раскладывая слоем 3—5 см на ткани или бумаге. Срок годности сырья — 1 год.

Зверобой продырявленный, Hypericum perforatum L. Собирают цветущие верхушки вместе с листьями, сушат в сушилках или под навесами на воздухе при температуре +35—40°С. Окраска цветков должна сохраняться. Срок годности сырья — 3 года.

Земляника лесная, Fragaria vesca L. Многолетнее травянистое растение с ползучими побегами. Стебли прямостоячие, 5—20 см высотой. Цветет в мае — июне, плоды созревают в июле — августе. Лекарственное сырье — листья, ягоды.

Ягоды собирают утром, когда сойдет роса, или вечером, сушат в печах или сушилках при температуре +60—65°С.

Наиболее рациональна сублимационная сушка, при которой сохраняются сахара, органические кислоты, витамины, а также цвет и форма ягод.

Срок годности сырья — 3 года. Листья заготавливают без черешков во время цветения до плодоношения растения, сушат на чердаках или под навесами с железной крышей. Срок годности сырья — 1 год.

Золототысячник зонтичный, Centaurium erythraea Raen. Двулетнее или однолетнее растение высотой 10—40 см. Цветет с июля до осени, семена созревают в августе. Лекарственное сырье — трава.

Срезают все растение во время цветения, до пожелтевших прикорневых листьев. Сушат без доступа прямых солнечных лучей. Срок годности сырья — 2 года.

Ива остролистная, Salix acutifolia L. Кору молодых деревьев и ветвей собирают во время сокодвижения. Сушат на солнце или в сушилках. Срок хранения — 4 года.

Иссоп лекарственный, Hyssopus officinalis L. Цветет в июле — сентябре, плодоносит в августе—сентябре. В лечебных целях используют надземную часть (траву), которую заготавливают в период цветения растения.

Очищенное от примесей сырье сушат под навесами или в хорошо проветриваемых помещениях, раскладывая слоем 3—5 см на ткани или бумаге. Срок годности сырья — 1 год.

Календула, Calendula officinalis L. Цветочные корзинки собирают в период горизонтального расположения язычковых цветков, делая за лето 10—20 сборов. Срезают корзинки у самого основания цветоноса. Сушат не более 4 часов в воздушных сушилках при температуре +40—45°C, расстилая тонким слоем. Срок хранения — 2 года.

Калина обыкновенная, Viburnum opulus L. Кустарник высотой 1,5—4 м с буровато-серой корой. Цветет в мае — июле, плоды созревают в сентябре, ежегодно. Лекарственное сырье — кора и плоды. Кору заготавливают ранней весной начиная с апреля.

Сушат на открытом воздухе в тени под навесом или в сушилках при температуре +40—45°C. Срок годности сырья — 4 года. Плоды собирают в период полной зрелости, сушат на воздухе или в сушилках при температуре +50—60°C.

Каштан конский, Aesculus hippocastanum L. Сбор цветков производят в мае — июне; коры — ранней весной, а семян — при созревании. Цветки употребляют как в свежем, так и в сушеном виде, семена — в свежем.

Кипрей узколистный, Chamaenerium angustifolium (L.) Scop. Многолетнее травянистое растение из семейства кипрейных высотой 60—150 см, с ползучим толстым корневищем. Цветет в июне — августе, плодоносит в июле — сентябре. В лечебных целях используют листья, которые обрывают в период цветения растения. Очищенное от примесей сырье сушат в тени или хорошо проветриваемых помещениях, раскладывая слоем в 3—5 см на ткани или бумаге. Срок годности — 1 год.

Клевер луговой, Trifolium pretense L. Многолетнее травянистое растение до 20—50 см высотой. Цветет с мая до сентября. Лекарственным сырьем являются соцветия — головки вместе с верхушечными листьями, собираемые во время цветения. Сушка сырья ведется в темном сухом месте. Срок годности сырья — 1 год.

Клюква болотная, Oxycoccus palustris Pers. Вечнозеленый кустарничек до 15 см высотой. Цветет с конца мая до июля. Плоды созревают в сентябре — октябре. Лекарственным сырьем являются плоды, употребляемые в свежем виде или в виде сиропов. Сбор производится в сентябре и октябре, иногда позже — до момента покрытия растений снегом. Срок хранения плодов в свежем виде до 9 месяцев.

Копытень европейский, Asarum europaeum L. Многолетнее травянистое растение до 10 см высотой со своеобразным запахом. Цветет в мае, плоды созревают в июне. Лекарственным сырьем являются корневища с корнями и листья. Собирается сырье — корневища и корни — вскоре после цветения и созревания плодов — в июле; листья — в июле — августе.

Сушится собранный материал в тени на воздухе или в сушилках при температуре +50°С. Сырье хранится в хорошо проветриваемом помещении в течение 1 года.

Коровяк скипетровидный, Verbascum thapsiforme Schrad. Цветки коровяка собирают в сухую солнечную погоду ежедневно, так как цветок увядает в течение 1 дня. Сушат в тени немедленно после сбора на открытом воздухе, раскладывая тонким слоем. Срок хранения — 2 года.

Котовник кошачий, Nepeta cataria L. Многолетнее травянистое растение из семейства губоцветных высотой до 1 м. Цветет в июне — августе, плоды созревают в августе — сентябре. В лечебных целях используют надземную часть (траву). Срезают ее без грубых приземистых стеблей в период цветения растения. Очищенное от примесей сырье сушат под навесами или в хорошо проветриваемых помещениях, раскладывая слоем 3—5 см на ткани или бумаге. Срок годности сырья — 1 год.

Крапива глухая (белокудренник черный, яснотка), Ballota nigra L. Листья заготавливают во время цветения крапивы в июне — августе. Через несколько часов, когда листья сорванной крапивы теряют жгучесть, их обрывают у самого основания пластинки. Сушат на открытом воздухе или в хорошо проветриваемом помещении. Сушка на солнце не допускается! Готовое сырье — листья темно-зеленого цвета. Срок его годности — 2 года.

Крапива двудомная, Urtica dioca L. Листья заготавливают во время цветения крапивы в июне — августе. Через несколько часов, когда листья сорванной крапивы теряют жгучесть, их обрывают у самого основания пластинки. Сушат на открытом воздухе или в хорошо проветриваемом помещении. Сушка на солнце не допускается! Готовое сырье — листья темно-зеленого цвета. Срок его годности — 2 года.

Крапива жгучая, Urtica urens L. Листья заготавливают во время цветения крапивы в июне — августе. Через несколько часов, когда листья сорванной крапивы теряют жгучесть, их обрывают у самого основания пластинки.

Сушат на открытом воздухе или в хорошо проветриваемом помещении. Сушка на солнце не допускается! Готовое сырье — листья темно-зеленого цвета. Срок его годности — 2 года.

Крушина ломкая (ольховидная), Frangula alnus Mill. Кору собирают ранней весной до появления листьев, сушат быстро, чтобы не почернела внутренняя часть коры (она должна быть желто-оранжевого или красновато-бурого цвета). В медицине применяют кору после годичного хранения (за это время разлагается гликозид франгулярозид, вызывающий рвоту).

Кукуруза обыкновенная, Zea mays L. Кукурузные столбики с рыльцами собирают в фазе молочной или восковой спелости початков ручным способом, отрывая пучки нитей с початка.

Сушат на открытом воздухе, раскладывая рыхлым тонким слоем. Высушенные кукурузные рыльца имеют вид перепутанных красно-бурых или золотисто-бурых нитей, без запаха. Основное условие хранения — сухость. Срок годности сырья — 3 года.

Лабазник вязолистный, Filipendula ulmaria (L.) Maxim. Цветет в июне — июле, плоды созревают в августе—сентябре. В лечебных целях используют надземную часть (траву). Срезают ее без грубых приземистых стеблей в период цветения растения.

Очищенное от примесей сырье сушат под навесами или в хорошо проветриваемых помещениях, раскладывая слоем 3—5 см на ткани или бумаге. Срок годности сырья — 1 год.

Лаванда лекарственная, Lavandula officinalis Chaix et Kitt. Полукустарник до 60 см. Цветет с июня до августа. Лекарственным сырьем являются цветы и трава. Цветущие побеги срезают, вяжут в пучки и сушат в тени, цветки с них срывают. Срок годности сырья — 1 год.

Ландыш майский, Convallaria majalis L. Лекарственное сырье — трава. Используются также цветки и листья. Растение в начале цветения срезают ножницами у самого основания или обрывают цветки со стрелками руками. Сушат, расстилая тонким слоем, в сухих проветриваемых помещениях, под навесами или в сушилках при температуре не выше +40—60°С. Сушат быстро, чтобы инактивировать ферменты, разрушающие сердечные гликозиды. Активность сырья проверяют каждые 6 месяцев.

Лапчатка прямостоячая, Potentilla erecta (L.) Rausch. Корневища, собранные в сентябре — октябре или в апреле — мае в начале отрастания прикорневых листьев, очищают, сушат в сушилках при температуре +50—60°С или на открытом воздухе. Срок годности сырья — 4 года.

Лен обыкновенный, Linum usitatissimum L. Собирают зрелые семена. Масло получают прессованием.

Лимонник китайский, Schizandra chinensis Baill. Крупная деревянистая лиана. Цветет во второй половине мая — начале июня. Ягоды созревают в сентябре—октябре. Лекарственное сырье — плоды и семена.

В народе используют листья и мелкие веточки. Кисть зрелых плодов срывают или срезают очень осторожно, чтобы не повредить лианы, подвяливают ягоды на солнце, затем досушивают в сушилках на решетках при температуре не выше +35—40°С.

Высушенные плоды округлой формы, темно-красного или почти черного цвета, крупноморщинистые, диаметром 5—9 мм, со слабым специфическим запахом, горьковато-кислым, пряным, терпким привкусом, вызывающим характерное жжение во рту. В плодах видны 1—2 блестящих, желтовато-бурых семени. Заготавливают также листья, их черешки и мелкие веточки. Срок хранения 2 года.

Липа сердцевидная, Tilia cordata Mill. Соцветия с прицветными листьями собирают в то время, когда большая часть цветков распустилась, а другая часть еще находится в фазе бутонизации. Собранные цветки сушат в сушилках при температуре не выше +40—45°C. На солнце сушить нельзя, так как сырье теряет цвет. Хранят в полутемном, хорошо проветриваемом помещении. Срок годности сырья — 2 года.

Лопух большой, Arctium lappa L. Двухлетнее травянистое растение до 180 см высотой. Цветет в июле — августе. Плоды созревают в августе — сентябре. Сбор корней производится ранней весной (в начале апреля) с растений второго года жизни или поздней осенью (конец сентября — октябрь) с однолетних растений. Выкопанные корни отмывают от земли в холодной воде, сушат на воздухе в тени или в сушилке. Хранится в проветриваемом помещении. Срок хранения до 5 лет.

Мак дикий, Papaver somniferum L. Лекарственным сырьем служат цветы и трава, собранные в момент цветения (май — июль). Срок годности сырья — 1 год.

Малина обыкновенная, Rubus ideus L. Ягоды собирают вручную без цветоножек, спелые. Предварительно подвялив на солнце, плоды рассыпают тонким слоем (не более 3 см) на бумаге, ткани или сетке и сушат в несколько охлажденных печах или в овощных сушилках.

Хорошо высушенные плоды теряют способность окрашивать руки. Цвет сухих плодов серовато-красный, запах ароматный, вкус кисловато-сладкий. Срок хранения — 2 года.

Мальва лесная, Malva silvestris L. Одно- или двухлетнее растение до 90 см высотой. Цветет с июля по сентябрь. С лекарственной целью используются цветы мальвы и иногда листья. Цветы собирают тогда, когда они приобрели розовую окраску, но еще до конца не распустились.

Собранные цветы, а также листья сушат в теплых помещениях или на открытом воздухе в тени. Срок годности сырья — 2 года.

Манжетка обыкновенная, Alchemilla vulgaris L. Многолетнее травянистое растение из семейства розоцветных высотой до 30 см, с горизонтальным толстым корневищем. Цветет в июне — августе, плоды созревают в августе — сентябре.

В лечебных целях используют листья, которые обрывают в период цветения растения. Собранное сырье очищают от примесей и сушат под навесом или в хорошо проветриваемых помещениях, раскладывая слоем в 3—5 см на чистой подстилке. Срок годности сырья — 2 года.

Марена грузинская (красильная), Rubia tinctorum L. Многолетнее травянистое более или менее опушенное растение с мощным главным корнем, от которого на глубине отходят корни 2-го порядка. Цветет в июне—июле, плодоносит в августе—сентябре. Лекарственное сырье — корни и корневища.

Корни выкапывают ранней весной (с февраля) или осенью до заморозков, отряхивают землю, отделяют наземные части и, не промывая корней, быстро раскладывают их тонким слоем на чердаках или в сушилках. В последнем случае сушат при температуре около +45°C. Срок годности сырья — 2 года.

Мать-и-мачеха, Tussilago farfara L. Листья собирают в июне — июле, когда они еще не крупные, молодые, покрытые снизу густым войлочным покровом. Срывают или срезают листья на половине черешка.

Сушат на чердаках с хорошей вентиляцией, на открытом воздухе под навесом или в сушилках при температуре +30—35°C.

Внешние признаки сырья: листья почти округлые, сверху зеленые, голые, снизу беловато-войлочные. Листья не должны быть очень молодыми, то есть не должны иметь слишком густого опушения, на вкус слабо-горьковатые, слизистые, без запаха. Срок годности сырья — 3 года.

Медуница лекарственная, Pulmonaria officinalis L. Многолетнее травянистое растение с восходящим корневищем и тонкими придаточными корнями. Лекарственным сырьем служит трава, которая собирается до распускания цветков, высушивается в тени на воздухе. Срок годности сырья — 3 года.

Мелисса лекарственная, Melissa officinalis L. Траву убирают перед цветением растения, позднее запах становится неприятным. Сушат в тени, отделяют листья от стеблей. Срок хранения — 1 год.

Можжевельник обыкновенный, Juniperus communis L. Плоды собирают осенью в период их полной зрелости, сбивая или отряхивая на ткань или брезент, очищают от хвои и незрелых шишкоягод.

Сушат на воздухе. Готовое сырье — высушенные зрелые плоды, гладкие, блестящие или матовые, черно-бурого цвета, иногда с сизым налетом, шаровидные, реже овальные, со своеобразным приятным запахом, сладковато-пряным вкусом. Срок годности сырья — 3 года.

Мухомор красный, Amanita muscaris (Fr.) Quel. Гриб сапрофит, с плодовым телом в виде шляпки на ножке высотой 7—15 см. Мухомор сильно ядовит. Срок годности сырья — 1 год.

Мыльнянка лекарственная, Saponaria officinalis L. Многолетнее травянистое растение. Цветет в июне, семена созревают в августе.

В качестве лекарственного сырья используются корневища с корнями, известные под товарным названием красного мыльного корня.

Корневища с корнями выкапывают осенью, очищают от земли и высушивают. Хранят в сухих, хорошо проветриваемых помещениях. Срок годности сырья — 3 года.

Мята перечная, Mentha piperita L. Скошенную в фазе бутонизации и начала цветения мяту подвяливают, подсушивают, отделяют листья, сушат.

Сырье состоит из цельных или поломанных темно-зеленых листьев, пряных и жгучих на вкус, оставляющих во рту ощущение свежести и холода. Запах сильный, приятный. Срок годности сырья — 2 года.

Облепиха крушиновидная, Hippophae rhamnoides L. Двудомный кустарник или деревце высотой 1,5—6 м, с буро-зеленой или черной корой и многочисленными ветвями с колючками 2—7 см длиной. Цветет с 4—5-го года жизни ежегодно, обильно, одновременно с распусканием листьев. Плоды созревают в сентябре — октябре.

Лекарственное сырье — плоды. Плоды собирают осенью и зимой. Свежие плоды (хранить не более 3 суток) упаковывают в деревянные коробочки, а замороженные (нельзя допускать их оттаивания в процессе сбора и хранения!) — в мешки.

Из плодов отжимают сок, а из шрота масляной экстракцией (рафинированное подсолнечное или кунжутное растительное масло) получают облепиховое масло.

Одуванчик лекарственный, Taraxacum officinale Web. t. l. Корни собирают в августе — сентябре, промывают, сушат постепенно, вначале под навесом в течение 3—4 дней, а затем в сушилках при температуре +40—50°С при хорошей вентиляции. Срок годности сырья — 5 лет.

Окопник лекарственный, Symphytum officinale L. Корень собирают осенью, очищают от земли и надземных частей, промывают в проточной воде и разрезают на кусочки, высушивают в тени на воздухе или под крышей, упаковывают в тюки по 50 кг.

Хранят в проветриваемых помещениях. Срок хранения — 3 года.

Ольха клейкая, Alnus glutinosa L. Gaerth. Одревесневшие шишки собирают осенью и весной, сушат в теплых помещениях с влажностью до 12%. Срок годности сырья — 3 года.

Омела белая, Viscum album L. Лекарственным сырьем служат молодые веточки и листья, собираемые поздней осенью или зимой. Срок хранения — 2 года.

Орех грецкий, Juglans regia L. Плодовое дерево из семейства ореховых высотой до 25—30 м, с мощной раскидистой кроной. Цветет в апреле — мае, плодоносит в августе — сентябре. В лечебных целях используют листья растения, которые обрывают весной или в начале лета (в мае—июне). Собранное сырье сушат в тени или хорошо проветриваемых помещениях, раскладывая слоем в 2—3 см на бумаге или ткани. Срок годности сырья — 5 лет.

Осока песчаная, Carex arenaria L. Многолетнее растение с длинным шнуровидным ползучим корневищем и многочисленными корнями. Цветет в мае — июне. В качестве лекарственного сырья используют корневище осоки.

Собранные после увядания корневища освобождают от стеблей и корней и тщательно просушивают. Высушенные корневища обычно буро-красные или серовато-бурые, несколько сплюснутые, со слабым сладковатым вкусом и без запаха (в то время как запах свежих корневищ напоминает запах скипидара).

Осокорь (тополь черный), Populus nigra L. Листовые почки собирают ранней весной до распускания листьев и сушат в тени или сушилках. Срок годности сырья — 2 года.

Очанка лекарственная, Euphrasia officinalis L. Однолетнее травянистое растение из семейства норичниковых высотой до 30 см. Цветет в июне — августе, плоды созревают в июле — сентябре. В лечебных целях используют надземную часть (траву) очанки, которую заготавливают в период цветения растения. Очищенное от примесей сырье сушат в тени или хорошо проветриваемых помещениях, раскладывая на чистой подстилке слоем до 5 см. Срок хранения — 1 год.

Очиток большой, Sedum maximum L. Многолетнее суккулентное травянистое растение. Зацветает в июле, цветет до осени. Лекарственное сырье — трава.

Надземная часть заготавливается в свежем виде в период цветения, в августе. Срок хранения сырья — 2 года.

Паслен черный, Solanum nigrum L. Однолетнее травянистое растение. Растение ядовито! В народной медицине используется трава и плоды. Срок хранения сырья — 2 года.

Пастушья сумка обыкновенная, Capsella bursa pastoris (L.) Medic. Лекарственное сырье — трава. Цветущее растение вместе с прикорневыми листьями и плодами срезают ножницами, выбирают чистые растения, так как траву не моют, сушат на открытом воздухе в тени или в хорошо проветриваемом помещении. Срок годности сырья — 3 года.

Первоцвет весенний, Primula veris L. Корневища и корни собирают осенью после увядания растения. Выкопанные корни и корневища отмывают от земли, очищают от листьев и стеблей, провяливают на воздухе и сушат в сушилках при температуре +40—50°С.

Перец водяной (горец перечный), Polygonum hydropiper L. Все растение срезают на высоте до 4—5 см в конце лета во время цветения, сушат под навесом или в сушилках при температуре +30—40°С быстро, так как при медленной сушке сырье чернеет.

При сушке жгучий перечный вкус свежей травы исчезает. Срок годности сырья — 2 года.

Петрушка кудрявая, Petroselinum crispum (Mill.) Nym. Собирают траву в период полного развития растения, сушат под навесом. Сушку семян проводят на открытом воздухе. Срок хранения — 3 года.

Пижма обыкновенная, Tanacetum vulgare L. Цветочные корзинки собирают без цветоножек в начале цветения в июле — августе, сушат на открытом воздухе в тени, в хорошо проветриваемом помещении, при температуре не выше 40°C. Срок хранения сырья — 3 года.

Пион уклоняющийся (марьин корень), Paeonia anomala L. (Paeonia sibirica Pall.). Многолетнее травянистое растение высотой 60—100 мм, с коротким многоглавым корневищем. Цветет с конца мая до середины июня. Лекарственное сырье — корни и корневища.

Корни выкапывают в мае—июне, очищают от земли, промывают холодной проточной водой. Режут на мелкие куски. Сушат на чердаках и под навесами с последующей досушкой в печах или сушилках при температуре 30—40°C. Срок годности сырья — 3 года.

Подмаренник настоящий, Galium verum L. Многолетнее травянистое растение из семейства мареновых высотой от 100 см, с длинным ветвистым корневищем. Цветет в июне — августе, плодоносит в августе — сентябре.

В лечебных целях используют надземную часть (траву), которую заготавливают в период цветения растения. Срезают ее ножницами или серпами без грубых приземистых частей.

Очищенное от примесей сырье сушат в тени или хорошо проветриваемом помещении, раскладывая слоем 3—5 см на бумаге или ткани. Срок годности — 1 год.

Подорожник большой, Plantago major L. Листья собирают в течение всего лета, срывая их вручную с небольшим остатком черешка, сушат на открытом воздухе, на чердаках, в сырую погоду — в сушилках при температуре +40—50°C. Свежая трава перерабатывается в первые 24 часа после сбора. Срок годности сырья — 3 года.

Подорожник ланцетовидный, Plantago lanceolata L. Листья собирают в течение всего лета, срывая их вручную с небольшим остатком черешка, сушат на открытом воздухе, на чердаках, в сырую погоду — в сушилках при температуре +40—50°C.

Свежая трава перерабатывается в первые 24 часа после сбора. Срок годности сырья — 3 года.

Полынь горькая, Artemisia absinthium L. Листья и цветоносные верхушки (траву) собирают в начале цветения (июнь—июль), сушат в тени под навесом или в сушилках при температуре +40—50°C. Срок годности сырья — 2 года.

Просвирник лесной (мальва лесная), Malva silvestris L. Одно- или двухлетнее растение до 90 см высотой. Цветет с июля по сентябрь.

С лекарственной целью используются цветы мальвы и иногда листья. Цветы собирают тогда, когда они приобрели розовую окраску, но еще до конца не распустились.

Собранные цветы, а также листья сушат в теплых помещениях или на открытом воздухе в тени. Срок годности сырья — 2 года.

Пустырник сердечный (пятилопастный, обыкновенный), Leonurus quinquelobatus Gilib. Траву заготавливают в период цветения нижних мутовок, срезая верхушки стеблей длиной до 40 см и боковые побеги с цветками и листьями. Срок годности сырья — 3 года.

Пырей ползучий, Agropyrum repens (L.) P.B. Сбор корневищ производится осенью: конец сентября — октябрь. Сушка воздушная, под навесом или в сушилке. Срок хранения — 3 года.

Раковые шейки (горец змеиный), Polygonum bistorta L. Осенью или весной до отрастания листьев выкапывают корневище, отрезают корни и стебли, очищают от земли, быстро моют, крупные нарезают на куски и сразу сушат на открытом воздухе, в сушилках или на чердаках, чтобы внутри не побурели. У высушенных корневищ запаха нет, вкус — вяжущий, горьковатый, срок годности до 6 лет.

Ревень тангутский, Rheum tanguticum Z. (R. tanguticum Maxim.). Корни выкапывают в сентябре—октябре, моют, режут на части, расщепляя вдоль толстые (более 3 см), провяливают, сушат при температуре +60°C. Срок годности сухих корней — 5 лет.

Редька посевная, Raphanus sativus L. Огородное растение. Цветет в мае — июне. Лекарственным сырьем являются корнеплоды и свежий сок.

Репешок обыкновенный, Agrimonia eupatoria L. Сбор сырья производится во время цветения, собирают траву. Сушат на воздухе. Срок хранения — 2 года.

Розмарин лесной (багульник болотный), Ledum palustre L. Используют молодые побеги с листьями. Наибольшее количество эфирного масла накапливается в молодых листьях. Молодые однолетние неодревесневшие побеги длиной до 10 см с листьями срезают после цветения.

Сушат на чердаках с хорошей вентиляцией или под навесами с хорошо прогревающейся крышей, разложив сырье слоем 5—7 см, периодически его вороша, при температуре не выше +30°C. После высушивания грубые стебли удаляют.

Высушенные листья мало изменяют вид и цвет. При сушке и сборе необходимо соблюдать осторожность — возможны отравления. Хранят отдельно от других растений в хорошо укупоренных банках. Срок хранения — 2 года.

ПРИЛОЖЕНИЕ

Ромашка аптечная, Marticaria chamomilla L. Цветочные корзинки без цветоносов собирают в стадии цветения (июнь — июль) при горизонтальном положении язычковых цветков (до их опускания книзу).

Сушат в тени или сушилках при температуре +35—40°С. Срок годности сырья — 1 год.

Рута душистая, Ruta graveolens L. Листья и цветки собирают в июне — июле. Срок хранения — 2 года.

Рябина обыкновенная, Sorbus aucuparia L. Зрелые плоды собирают осенью до наступления заморозков, срезают целые кисти, отделяют ягоды от плодоножек, сушат в сушилках при температуре +50—60°С. Срок годности сырья — 2 года.

Сельдерей пахучий, Apium graveolens L. Травянистое двухлетнее овощное растение. Пищевая культура. Лекарственное сырье — корень.

Заготавливают подземные части растения во второй половине лета, сушат и хранят обычным способом.

Сердечник (пустырник обыкновенный), Leonurus quinquelobatus Gilib.

Траву заготавливают в период цветения нижних мутовок, срезая верхушки стеблей длиной до 40 см и боковые побеги с цветками и листьями. Срок годности сырья — 3 года.

Синеголовник плосколистный, Eryngium planum L. Цветет в июне — августе, плоды созревают в августе — сентябре. В лечебных целях используют надземную часть (траву), которую заготавливают в период цветения растения.

Очищенное от примесей сырье сушат под навесами или в хорошо проветриваемых помещениях, раскладывая слоем 3—5 см на ткани или бумаге. Срок годности сырья — 1 год.

Сирень обыкновенная, Syringa vulgaris L. Цветет в мае — июне. Используемое сырье — цветки. Срок хранения — 1 год.

Смородина черная, Ribes nigrum L. Листья собирают после сбора плодов с середины веток, поскольку старые листья непригодны, а сбор молодых листьев может нанести вред растению.

Солодка голая, Glycyrrhiza glabra L. Из выкопанных корней выбирают здоровые, светло-желтые, толщиной от 5 до 50 мм, сушат на открытом воздухе (как очищенные, так и неочищенные).

Корень считается сухим, когда он ломается. Срок годности сырья — 10 лет. С лечебной целью применяют также солодку уральскую и солодку Коржинского.

Сосна лесная, Pinus silvestris L. Почки собирают в феврале — марте, пока они не тронулись в рост, срезают ножом в виде коронки с одной центральной и несколькими боковыми почками.

Сушат на чердаках, под навесами или в сушилках при температуре не выше 20—25°C. Срок годности сырья — 2 года. Заготовка игл идет путем обрывания охвоенных концов ветвей длиной 15—20 см. Живицу собирают из специальных подсеков на деревьях, подлежащих рубке.

Спорыш (горец птичий), Polygonum aviculare L. Траву в период цветения скашивают под корень, сразу очищают от примесей, пожелтевших и поврежденных листьев, сушат в хорошо проветриваемых помещениях, разложив слоем 2—3 см на бумаге или ткани, часто переворачивая. Хранят в сухом проветриваемом помещении не более 3 лет.

Столетник (алоэ древовидное), Aloe arborescens Mill. Листья алоэ с промышленной целью собирают в конце октября до половины ноября: срезают нижние и средние листья, достигшие 15 см длины. С домашних растений листья используют круглый год.

Сушеница болотная (топяная), Gnaphalium uliginosum L. Траву собирают со второй половины июня до сентября, сушат на воздухе или в сушилках при температуре +30—40°С, расстилая тонким слоем. Срок годности сырья — 3 года.

Татарник колючий, Onopordum acanthium L. Двулетнее травянистое растение из семейства сложноцветных, высотой до 2,5 м.

Стебель прямостоячий, разветвленный в верхней части, паутинисто-шерстистый. Листья крупные, продолговато-эллиптические; прикорневые — перисто-надрезанные до перисто-рассеченных, короткочерешковые, стеблевые — часто надрезанные, сидячие.

Цветки мелкие, пурпурные, трубчатые, собраны на концах ветвей в шаровидные корзинки. Плод — обратнояйцевидная сплюснутая семянка. Цветет в июне — августе, плодоносит в августе — сентябре. Для лечебных целей используют надземную часть (траву) татарника. Срезают ее ножами или серпами в период цветения растения, без грубых приземистых частей.

Собранное сырье сушат в тени или в хорошо проветриваемых помещениях, раскладывая на чистой подстилке слоем в 5—7 см.

Тимьян обыкновенный, Thymus vulgaris L. Траву скашивают на высоте 10—15 см от почвы в период полного цветения, сушат, обмолачивают, отсеивают оставшиеся кусочки стеблей. Срок годности сырья — 2 года.

Тмин обыкновенный, Carum carvi L. Плоды тмина собирают по мере их созревания, но до побурения стеблей и зонтиков растения, срезая надземные части. Сушат в хорошо проветриваемом помещении, затем обмолачивают и очищают плоды путем провеивания. Срок годности сырья — 3 года.

Толокнянка обыкновенная, Arctostaphylos uva ursi (L.) Spreng. Вечнозеленый распростертый, сильно ветвистый кустарник с обильными ветвями длиной 25—130 см. Цветет в мае, плодоносит в июле — сентябре.

Лекарственное сырье — листья. Листья дикорастущих растений заготавливают ранней весной до цветения или осенью с момента созревания плодов.

Наивысшей диуретической активностью обладают листья, собранные в фазе окончания вегетации. Веточки срезают у самой земли, очищают, сушат в хорошо вентилируемых помещениях или сушилках при температуре +50—60°C. Срок годности сырья — 5 лет.

Тополь черный, Populus nigra L. Листовые почки собирают ранней весной до распускания листьев и сушат в тени или сушилках. Срок годности сырья — 2 года.

Тысячелистник обыкновенный, Achillea millefolium L. Траву собирают в фазе цветения растения, срезая верхушки стеблей длиной до 15 см. При сборе соцветий срезают щитки с цветоносом не длиннее 2 см. Сушат под навесами или в сушилках при температуре +50° С. Срок годности сырья — 2 года.

Фенхель обыкновенный, Foeniculum vulgare Mill. Плоды собирают, когда они становятся достаточно твердыми и приобретают зеленовато-желтую и буроватую окраску.

Для сушки срезанные растения связывают в снопики и через 3—4 дня подвергают обмолоту.

Затем просеивают для удаления соломы, половы, недозрелых семян и окончательно досушивают. Срок годности сырья — 3 года.

Фиалка трехцветная, Viola tricolor L. Траву собирают с мая по сентябрь и высушивают. В готовом сырье не должно быть большого количества зрелых плодов. Срок хранения — 3 года.

Хвощ полевой, Equisetum arvense L. Собирают в июне — августе только бесплодные вегетативные побеги хвоща, сушат на открытом воздухе. Срок годности сырья — 4 года.

Хмель обыкновенный, Humulus lupulus L. Шишки вместе с ножками в августе — сентябре обрывают руками каждую в отдельности, когда они еще зеленовато-желтого цвета, то есть за несколько дней до их полного созревания. Сушат немедленно в закрытом помещении или на открытом воздухе, разложив тонким слоем. Срок хранения — 3 года.

Хрен обыкновенный, Armoracia rusticana Lam. Возделывается на огородах. Цветет в мае — июле. Лекарственным сырьем являются корни и листья.

Центаврия (золототысячник обыкновенный), Centaurium umbellatum Gilib. Срезают все растение во время цветения, до пожелтевших прикорневых листьев. Сушат без доступа прямых солнечных лучей. Срок годности сырья — 2 года.

Цикорий обыкновенный, Cichorium intybus L. Корни собирают осенью в сентябре — октябре с хорошо развитых растений, тщательно промывают в воде, разрезают и сушат в протопленных печах, в проветриваемых помещениях или в специальных сушилках при температуре +60—70°C. Срок хранения — 2 года.

Цмин песчаный, Helichrysum arenarium L. Соцветия собирают в начале распускания цветков с коротко оборванными стебельками. Сушат на открытом воздухе и в тени или под крышей на чердаках, в сушилках. Срок годности сырья — 2 года.

Чабрец обыкновенный, Thymus serpyllum L. Траву собирают в период полного цветения, сушат, обмолачивают, просеивают через сито. Срок годности сырья — 2 года.

Череда трехраздельная, Bidens tripartita L. Собирают в июне — июле листья и верхушки растения с нераспустившимися цветочными корзинками. Сушат под навесом или в сушилках при температуре +40—45°С. Срок годности сырья — 2 года.

Чемерица Лобеля, Veratrum Lobelianum Bernh. Многолетнее травянистое растение до 1,8 м высотой. Цветет в июле — августе. Все растение ядовито. Лекарственным сырьем служит корневище с корнями или без них. Выкопанные осенью или лучше весной корневища очищают от земли и промывают в холодной, лучше проточной воде, нарезают кусками и сушат в хорошо проветриваемом помещении. Срок годности сырья — 5 лет.

Черника обыкновенная, Vaccinium myrtillus L. Ягоды собирают зрелыми в июле — августе, не моют, сушат на солнце, рассыпав тонким слоем на ткани или в сушилках на решетках при температуре +60—70° С (возможно предварительное подвяливание ягод на солнце). Правильно высушенные ягоды сильно сморщены, не прилипают и не пачкают рук, не сбиваются в комки. Срок годности ягод — 2 года. Листья собирают в период цветения в мае — июне и сушат тонким слоем в тени на чердаках или под навесом.

Чернокорень лекарственный, Conoglossum officinale L. Растение с неприятным мышиным запахом, исчезающим при высыхании.
Цветет в мае—июне, в северных районах — в июле—августе. Лекарственным сырьем являются корни, выкапываемые в августе—сентябре, и листья, собираемые во время цветения растения. Сбор, сушка и хранение — обычные для данного вида лекарственного сырья.

ПРИЛОЖЕНИЕ

Чеснок посевной, Allium sativum L. Многолетнее травянистое растение из семейства лилейных. Цветет в июне—июле.

В лечебных целях используют луковицы чеснока, заготавливаемые в период их полной зрелости.

Чистотел большой, Chelidonium majus L. Траву собирают в период цветения. Сушат быстро, чтобы сохранить больше млечного сока. Срок годности сырья — 3 года.

Шалфей лекарственный, Salvia officinalis L. Листья собирают 3—4 раза от начала цветения и до осени, сушат под навесами или в сушилках при температуре +25—35°C. Срок хранения сырья — 2 года.

Шиповник коричный, Rosa cinnamomea L. Плоды начинают собирать с конца августа, когда они становятся ярко-красными, мягкими и содержат наибольшее количество аскорбиновой кислоты, и заканчивают до заморозков. Сушат в сушилках. Срок годности сырья — 2 года.

Эвкалипт шариковый, Eucalyptus globules Labtll. Вечнозеленое дерево из семейства миртовых высотой до 50—70 м, с гладкой синеватой отслаивающейся корой. Цветет через 3—5 лет после посадки, плоды созревают через 1,5—2 года после цветения.

Для лечебных целей используют листья эвкалипта, которые заготавливают в ноябре — апреле, когда в них содержится наибольшее количество эфирного масла.

Собранное сырье сушат под навесом или в хорошо проветриваемых помещениях, раскладывая на ткани или бумаге слоем до 10 см. Срок годности сырья — 5 лет.

Эфедра двухколосковая, Ephedra distachya L. Собирают растения летом, выкапывают вместе с корнем или срезают только траву. Сушат в тени. Срок годности сырья — 2 года.

Яснотка (крапива глухая), Ballota nigra L. Листья заготавливают во время цветения крапивы в июне — августе. Через несколько часов, когда листья сорванной крапивы теряют жгучесть, их обрывают у самого основания пластинки.

Сушат на открытом воздухе или в хорошо проветриваемом помещении. Сушка на солнце не допускается! Готовое сырье — листья темно-зеленого цвета. Срок его годности — 2 года.

АЛФАВИТНЫЙ УКАЗАТЕЛЬ ЛЕКАРСТВЕННЫХ ТРАВ

А

Адонис весенний (горицвет), Adonis vernalis L.

Аир болотный, Acorus calamus L.

Акация белая (робиния), Robina pseudoacacia L.

Алоэ древовидное, Aloe arborescens Mill.

Алтей лекарственный, Althea officinalis L.

Анис обыкновенный, Anisum vulgare Gaerth.

Арника горная, Arnica montana L.

Б

Багульник болотный, Ledum palustre L.

Барбарис обыкновенный, Berberis vulgaris L.

Барвинок малый, Vinca minor L.

Бедренец камнеломковый, Pimpinelle saxifrage L.

Береза повислая, Betula pendula Roth.

Бессмертник песчаный, Helychrysum arenarium (L.) Moench.

Бобовник анагировидный, Laburnum anagyroides Medic.

Болиголов крапчатый, Conium maculatum L.

Боярышник кроваво-красный, Crataegus sanguinea Pall.

Брусника, Vaccinium vitis idaea L.

Будра плющевидная, Glechoma hederacea

Бузина черная, Sambucus nigra L.

Буквица лекарственная, Betonica officinalis L.

В

Валериана лекарственная, Valeriana officinalis L.S.L.

Василек синий, Centaurea cyanis L.

Вахта трехлистная (трилистник водяной), Menyanthes trifoliata L.

Верба (ива остролистная), Salix acutifolia Willd.

Вербена лекарственная, Verbena officinalis L.

Вереск обыкновенный, Calluna vulgaris (L.) Hill.

Вероника лекарственная, Veronica officinalis L.

Вишня обыкновенная, Cerasus vulgaris Mill.

Вьюнок полевой (березка), Convolvulus arvensis L.

Г

Гвоздика разноцветная (полевая), Dianthus versicolor Fisch.

Горец змеиный (раковые шейки), Polygonum bistorta L.

Горец почечуйный, Polygonum persicaria L.

Горец птичий (спорыш), Polygonum aviculare L.

Горечавка желтая, Gentiana lutea L.

Горицвет весенний, Adonis vernalis L.

Гречиха посевная, Fagopyrum esculentum Moench.

Грыжник голый, Herniaria glabra L.

Д

Девясил высокий, Inula helenium L.

Донник лекарственный, Melilotus officinalis L.

Дрок красильный, Genista tinctoria L.

Дуб обыкновенный (черешчатый), Quercus robur L. (Quercus pedunculata Ehrh.)

Душица обыкновенная, Origanum vulgare L.

Дымянка аптечная, Fumaria officinalis L.

Дягиль лекарственный, Archangelica officinalis Hoffm.

Е

Ежевика сизая, Rubus caesius L.

Ж

Желтушник левкойный, Erysimum cheiranthoides L.

Живучка ползучая, Ajuga reptans L.

З

Зверобой продырявленный, Hypericum perforatum L.

Земляника лесная, Fragaria vesca L.

Золототысячник зонтичный, Centaurium erythraea Raen.

И

Ива остролистная, Salix acutifolia L.

Иссоп лекарственный, Hyssopus officinalis L.

ПРИЛОЖЕНИЕ

К

Календула, Calendula officinalis L.

Калина обыкновенная, Viburnum opulus L.

Каштан конский, Aesculus hippocastanum L.

Кипрей узколистный, Chamaenerium angustifolium (L.) Scop.

Клевер луговой, Trifolium pretense L.

Клюква болотная, Oxycoccus palustris Pers.

Копытень европейский, Asarum europaeum L.

Коровяк скипетровидный, Verbascum thapsiforme Schrad.

Котовник кошачий, Nepeta cataria L.

Крапива глухая (белокудренник черный, яснотка), Ballota nigra L.

Крапива двудомная, Urtica dioca L.

Крапива жгучая, Urtica urens L.

Крушина ломкая (ольховидная), Frangula alnus Mill.

Кукуруза обыкновенная, Zea mays L.

Л

Лабазник вязолистный, Filipendula ulmaria (L.) Maxim.

Лаванда лекарственная, Lavandula officinalis Chaix et Kitt.

Лапчатка прямостоячая, Potentilla erecta (L.) Rausch.

Лен обыкновенный, Linum usitatissimum L.

Лимонник китайский, Schizandra chinensis Baill.

Липа сердцевидная, Tilia cordata Mill.

Лопух большой, Arctium lappa L.

М

Мак дикий, Papaver somniferum L.

Малина обыкновенная, Rubus ideus L.

Мальва лесная, Malva silvestris L.

Манжетка обыкновенная, Alchemilla vulgaris L.

Марена грузинская (красильная), Rubia tinctorum L.

Мать-и-мачеха, Tussilago farfara L.

Медуница лекарственная, Pulmonaria officinalis L.

Мелисса лекарственная, Melissa officinalis L.

Можжевельник обыкновенный, Juniperus communis L.

Мухомор красный, Amanita muscaris (Fr.) Quel.

Мыльнянка лекарственная, Saponaria officinalis L.

Мята перечная, Mentha piperita L.

О

Облепиха крушиновидная, Hippophae rhamnoides L.

Одуванчик лекарственный, Taraxacum officinale Web. t. l.

Окопник лекарственный, Symphytum officinale L.

Ольха клейкая, Alnus glutinosa L. Gaerth.

Омела белая, Viscum album L.

Орех грецкий, Juglans regia L.

Осока песчаная, Carex arenaria L.

Осокорь (тополь черный), Populus nigra L.

Очанка лекарственная, Euphrasia officinalis L.

Очиток большой, Sedum maximum L.

П

Паслен черный, Solanum nigrum L.

Пастушья сумка обыкновенная, Capsella bursa pastoris (L.) Medic.

Первоцвет весенний, Primula veris L.

Перец водяной (горец перечный), Polygonum hydropiper L.

Петрушка кудрявая, Petroselinum crispum (Mill.) Nym.

Пижма обыкновенная, Tanacetum vulgare L.

Пион уклоняющийся (марьин корень), Paeonia anomala L. (Paeonia sibirica Pall.)

Подмаренник настоящий, Galium verum L.

Подорожник большой, Plantago major L.

Подорожник ланцетовидный, Plantago lanceolata L.

Полынь горькая, Artemisia absinthium L.

Птицемлечник арабский, O. arabicum L.

Птицемлечник зонтичный (белые брандушки), Ornithogalum umbellatum.

Птицемлечник крупный, O. magnum Krasch. et Schischk.

Птицемлечник пиренейский, O. pyrenaicum L.

Птицемлечник тирсовидный, O. thyrsoides Jacq.

Просвирник лесной (мальва лесная), Malva silvestris L.

ПРИЛОЖЕНИЕ

Пустырник сердечный (пятилопастный, обыкновенный), Leonurus quinquelobatus Gilib.

Пырей ползучий, Agropyrum repens (L.) P.B.

Р

Раковые шейки (горец змеиный), Polygonum bistorta L.

Ревень тангутский, Rheum tanguticum Z. (R. tanguticum Maxim.)

Редька посевная, Raphanus sativus L.

Репешок обыкновенный, Agrimonia eupatoria L.

Розмарин лесной (багульник болотный), Ledum palustre L.

Ромашка аптечная, Marticaria chamomilla L.

Рута душистая, Ruta graveolens L.

Рябина обыкновенная, Sorbus aucuparia L.

С

Сельдерей пахучий Apium graveolens L.

Сердечник (пустырник обыкновенный), Leonurus quinquelobatus Gilib.

Синеголовник плосколистный, Eryngium planum L.

Сирень обыкновенная, Syringa vulgaris L.

Смородина черная, Ribes nigrum L.

Солодка голая, Glycyrrhiza glabra L.

Сосна лесная, Pinus silvestris L.

Спорыш (горец птичий), Polygonum aviculare L.

Столетник (алоэ древовидное), Aloe arborescens Mill.

Сушеница болотная, Gnaphalium uliginosum L.

Т

Татарник колючий, Onopordum acanthium L.

Тимьян обыкновенный, Thymus vulgaris L.

Тмин обыкновенный, Carum carvi L.

Толокнянка обыкновенная, Arctostaphylos uva ursi (L.) Spreng.

Тополь черный, Populus nigra L.

Тысячелистник обыкновенный, Achillea millefolium L.

У

Укроп душистый (фенхель обыкновенный), Foeniculum vulgare Mill

Ф

Фенхель обыкновенный, Foeniculum vulgare Mill.
Фиалка трехцветная, Viola tricolor L.

Х

Хвощ полевой, Equisetum arvense L.
Хмель обыкновенный, Humulus lupulus L.
Хрен обыкновенный, Armoracia rusticana Lam.

Ц

Центаврия (золототысячник обыкновенный), Centaurium umbellatum Gilib.
Цикорий обыкновенный, Cichorium intybus L.

Ч

Чабрец обыкновенный, Thymus serpyllum L.
Череда трехраздельная, Bidens tripartita L.
Чемерица Лобеля, Veratrum Lobelianum Bernh.
Черника обыкновенная, Vaccinium myrtillus L.
Чернокорень лекарственный, Conoglossum officinale L.
Чеснок посевной, Allium sativum L.
Чистотел большой, Chelidonium majus L.

Ш

Шалфей лекарственный, Salvia officinalis L.
Шиповник коричный, Rosa cinnamomea L.

Э

Эвкалипт шариковый, Eucalyptus globules Labtll.
Эфедра двухколосковая, Ephedra distachya L.

Я

Яснотка (крапива глухая), Ballota nigra L.

АЛФАВИТНЫЙ УКАЗАТЕЛЬ БОЛЕЗНЕЙ

А
Артриты
Артроз

Б
Бородавки
Бронхиальная астма
Бронхит

В
Вывих

Г
Гайморит
Герпес
Головная боль
Грипп

Д
Дерматит

З
Зубная боль

К
Кисты

Л
Люмбаго

М
Мастит
Миалгия и миозит
Миома матки
Мозоль

Н
Нарушения менструальной функции
Насморк
Нейродермит

О
Облысение
Остеохондроз

П
Педикулез
Пиодермия
Подагра
Полипы эндометрия

Р
Радикулит
Рак матки и яичников
Раны
Растяжения и разрывы
Ревматизм
Ревматоидный артрит

С
Себорея

У
Угри обыкновенные
Укусы животных
Укусы насекомых
Ушибы

Ф
Фурункулы

СОДЕРЖАНИЕ

Введение **3**

Глава 1
ИНДИЙСКИЙ ЛУК: НОВЫЙ ДРУГ ОТ СТАРЫХ БОЛЕЗНЕЙ **4**

Глава 2
ПРАВИЛЬНОЕ ОБРАЩЕНИЕ С ЛЕКАРСТВЕННЫМИ РАСТЕНИЯМИ **23**

СБОР, СУШКА, ХРАНЕНИЕ И ПРИГОТОВЛЕНИЕ **23**

СПОСОБЫ ПРИГОТОВЛЕНИЯ ЛЕКАРСТВЕННЫХ ПРЕПАРАТОВ РАСТИТЕЛЬНОГО ПРОИСХОЖДЕНИЯ В ДОМАШНИХ УСЛОВИЯХ **33**

ПРИМЕНЕНИЕ ВНУТРЕННЕЕ И НАРУЖНОЕ **36**

ИНДИЙСКИЙ ЛУК. МИФ ИЛИ РЕАЛЬНОСТЬ? **39**

Глава 3
ЛЕЧЕНИЕ ИНДИЙСКИМ ЛУКОМ **44**

ЗАБОЛЕВАНИЯ И ПОВРЕЖДЕНИЯ КОЖИ **44**

Бородавки **44**

Дерматит **45**

Нейродермит **54**

Пиодермия **56**

Раны **60**

Угри обыкновенные **64**

Укусы животных **67**

Укусы насекомых **67**

Ушибы **68**

Фурункулы **70**

ЗАБОЛЕВАНИЯ И ПОВРЕЖДЕНИЯ ОПОРНО-ДВИГАТЕЛЬНОГО АППАРАТА 73

Артриты **73**

Артроз **85**

Вывих **86**

Люмбаго **88**

Миалгия и миозит **91**

Остеохондроз **93**

Радикулит **96**

Растяжения **100**

Ревматизм **101**

Ревматоидный артрит **106**

ГИНЕКОЛОГИЧЕСКИЕ ЗАБОЛЕВАНИЯ 112

Миома матки **112**

Нарушения менструальной функции **119**

Полип эндометрия **125**

ЗАБОЛЕВАНИЯ УХА, ГОРЛА, НОСА 127

Гайморит **127**

Насморк **131**

ЗАБОЛЕВАНИЯ БРОНХОЛЕГОЧНОЙ СИСТЕМЫ 134

Бронхиальная астма **134**

Бронхит **147**

ЗАБОЛЕВАНИЯ ЖЕЛЕЗ ВНУТРЕННЕЙ СЕКРЕЦИИ И ОБМЕНА ВЕЩЕСТВ 159

Подагра **159**

ИНФЕКЦИОННЫЕ ЗАБОЛЕВАНИЯ **165**

Герпес **165**

Грипп **166**

ОНКОЛОГИЧЕСКИЕ ЗАБОЛЕВАНИЯ **178**

Кисты **178**

Рак матки и яичников **179**

ДРУГИЕ ЗАБОЛЕВАНИЯ **183**

Головная боль **183**

Зубная боль **186**

Мастит **189**

Мозоль **193**

Облысение **193**

Педикулез **197**

Себорея **198**

Глава 4

ИНДИЙСКИЙ ЛУК В КОСМЕТОЛОГИИ **201**

Приложение

РЕКОМЕНДАЦИИ ПО СБОРУ И ХРАНЕНИЮ ИСПОЛЬЗУЕМЫХ В КНИГЕ ТРАВ И РАСТЕНИЙ **212**

АЛФАВИТНЫЙ УКАЗАТЕЛЬ ЛЕКАРСТВЕННЫХ ТРАВ **246**

АЛФАВИТНЫЙ УКАЗАТЕЛЬ БОЛЕЗНЕЙ **252**

Корзунова Алевтина Николаевна

БОЛЬШАЯ ЭНЦИКЛОПЕДИЯ ИНДИЙСКОГО ЛУКА

Редактор *М. Григораш*
Художественный редактор *Е. Брынчик*
Технический редактор *Н. Носова*
Компьютерная верстка *А. Щербакова*
Корректоры *Л. Анохина, М. Смирнова*

ООО «Издательство «Эксмо»
127299, Москва, ул. Клары Цеткин, д. 18, корп. 5. Тел.: 411-68-86, 956-39-21.
Home page: www.eksmo.ru E-mail: info@eksmo.ru

*По вопросам размещения рекламы в книгах издательства «Эксмо»
обращаться в рекламный отдел. Тел. 411-68-74.*

Оптовая торговля книгами «Эксмо» и товарами «Эксмо-канц»:
ООО «ТД «Эксмо». 142700, Московская обл., Ленинский р-н, г. Видное,
Белокаменное ш., д. 1. Тел./факс: (095) 378-84-74, 378-82-61, 745-89-16,
многоканальный тел. 411-50-74.
E-mail: reception@eksmo-sale.ru

Мелкооптовая торговля книгами «Эксмо» и товарами «Эксмо-канц»:
117192, Москва, Мичуринский пр-т, д. 12/1. Тел./факс: (095) 411-50-76.
127254, Москва, ул. Добролюбова, д. 2. Тел.: (095) 745-89-15, 780-58-34.
www.eksmo-kanc.ru e-mail: kanc@eksmo-sale.ru

*Полный ассортимент продукции издательства «Эксмо» в Москве
в сети магазинов «Новый книжный»:*
Центральный магазин — Москва, Сухаревская пл., 12
(м. «Сухаревская»,ТЦ «Садовая галерея»). Тел. 937-85-81.
Москва, ул. Ярцевская, 25 (м. «Молодежная», ТЦ «Трамплин»). Тел. 710-72-32.
Москва, ул. Декабристов, 12 (м. «Отрадное», ТЦ «Золотой Вавилон»). Тел. 745-85-94.
Москва, ул. Профсоюзная, 61 (м. «Калужская», ТЦ «Калужский»). Тел. 727-43-16.
Информация о других магазинах «Новый книжный» по тел. 780-58-81.

В Санкт-Петербурге в сети магазинов «Буквоед»:
«Книжный супермаркет» на Загородном, д. 35. Тел. (812) 312-67-34
и «Магазин на Невском», д. 13. Тел. (812) 310-22-44.

Полный ассортимент книг издательства «Эксмо»:
В Санкт-Петербурге: ООО СЗКО, пр-т Обуховской Обороны, д. 84Е.
Тел. отдела реализации (812) 265-44-80/81/82/83.
В Нижнем Новгороде: ООО ТД «Эксмо НН», ул. Маршала Воронова, д. 3.
Тел. (8312) 72-36-70.
В Казани: ООО «НКП Казань», ул. Фрезерная, д. 5. Тел. (8432) 70-40-45/46.
В Киеве: ООО ДЦ «Эксмо-Украина», ул. Луговая, д. 9.
Тел. (044) 531-42-54, факс 419-97-49; e-mail: **sale@eksmo.com.ua**

Подписано в печать с готовых диапозитивов 25.02.2005.
Формат 84x108 $^1/_{32}$. Гарнитура «Гарамонд».
Печать офсетная. Бумага тип. Усл. печ. л. 13,44. Уч.-изд. л. 11,1.
Тираж 20 000 (15 000 экз. МК + 5 000 экз. ЯПЗ) Заказ № 423.

Отпечатано в полном соответствии с качеством
предоставленных диапозитивов в ОАО "Тульская типография".
300600, г. Тула, пр. Ленина,109 .